Kultbuch

ITALIEN

Friedrich Lang

Kultbuch
ITALIEN

Alles, was wir lieben: von Armani bis zur Vespa

© KOMET Verlag GmbH, Köln
www.komet-verlag.de
Produktion: Feierabend Unique Books
Text: Friedrich Lang, mit Maria Geisler, Carolin Hiebsch,
Sarah Kyntschl, Stefanie Palm und Elmar Scherer
Covermotive: dpa picture alliance; Fotolia.com – Kondziu, Diorgi, Guillermo lobo;
istock.com – Hedda Gjerpen; mauritius images – Dirk von Mallinckrodt, pepperprint;
Pixelio.de – Ali, Elke Sawistowski
Gesamtherstellung: KOMET Verlag GmbH, Köln
ISBN 978-3-89836-928-2

Inhalt

Vorwort

Italien ist Kult! Das wussten schon unsere Eltern. Als die Deutschen in der Zeit des Wirtschaftswunders den Auslandsurlaub entdeckten, war Italien das erklärte Ziel ihrer Träume. Und im Grunde ist es bis heute so geblieben, auch wenn sich Italien als Reiseland heute gegen starke Konkurrenz behaupten muss. Noch immer gelten die italienische Küche, die Musik, die Mode, kurz: die ganze italienische Lebensart und Kultur als Inbegriff des süßen Lebens, des *dolce vita*. Warum das so ist, erfahren Sie auf den folgenden Seiten. Wir haben Wissenswertes, Interessantes und Kurioses zum Thema Italien für Sie zusammengetragen. Vom Parmesan zur Stradivari, von Versace zu Pavarotti, von der Vespa zu Michelangelo – dieses Buch hätte problemlos doppelt so dick werden können.

Gehen Sie mit uns auf eine Reise durch die reiche Kultur, die lockere Lebensart und die liebenswürdige Mentalität von Land und Leuten. Italien ist immer eine Reise wert. Vielleicht inspiriert Sie dieses Buch ja zum nächsten Urlaub. Wenn Sie bisher noch kein Italien-Fan waren – auf den folgenden Seiten finden Sie 70 gute Gründe, einer zu werden! *O bella Italia.*

Alessi

Giovanni Alessi gründet 1921 seine „Designfabrik" in Omegna, in den italienischen Alpen nahe der schweizerischen Grenze, und entwirft und produziert Küchen-Artikel und -Accessoires. Bleibt zu Beginn die Aufgabe der Entwicklung und Gestaltung der Produkte noch in der Familie, so werden bald schon bekannte Designer berufen, den einzigartigen Alessi-Stil umzusetzen und zu prägen. Dabei sind es besonders Innovation und Experimentierfreude, die das Alessi-Design und die Firmenphilosophie damals wie heute ausmachen. Besonders die von Philippe Starck entworfenen Küchengeräte erreichen schnell Kultstatus und sind – neben praktischen Küchenhelfern – immer auch Designobjekte. Zum meistverkauften Produkt der Firma avanciert ein 1985 vom Architekten und Designer Michael Graves entworfener Wasserkessel, den eine Flöte in Form eines Vogels ziert.

Eine italienische Designfabrik erobert die Welt.

Das umfangreiche Produktionsprogramm enthält neben Küchenartikeln auch Accessoires und andere Stylingprodukte.

Alessi-Produkte werden häufig kopiert, und oft ist es schwierig, Original und Fälschung voneinander zu unterscheiden. Der feine Unterschied lässt sich aber meistens an der Qualität erkennen.

Bei Alessi legt man Wert auf Langlebigkeit und gestaltet seine Produkte dementsprechend. Auch wenn die Form die Funktion nicht in jedem Fall unterstützt (diese aber auch nie behindert), so ist es Alessi gelungen, sich von anderen Designern abzuheben und einen individuellen, wiedererkennbaren Stil zu schaffen, der weltweit zahlreiche Anhänger hat.

Angefangen hat man bei Alessi mit Artikeln für die Küche, bis heute hat sich die Produktpalette bedeutend erweitert – doch eines ist gleich geblieben: Es sollen Entwürfe für jedermann sein. Auch wenn sie nicht jedermann gefallen und für manche Geschmäcker zu verspielt sind, Alessi-Produkte machen Freude und sind dabei trotzdem funktional. Und ein wenig Provokation ist durchaus gewollt.

 # Autos

Auch in Zeiten gestiegener Spritpreise kann der Italiener auf eins nicht verzichten – aufs eigene Gefährt. Und das ist, wohlgemerkt, *la macchina*, das Automobil. Das Fahrrad, *la bicicletta*, ist in Italien zwar ein kultisch verehrtes Sportgerät, als Verkehrsmittel aber ohne Bedeutung. Wenn schon zwei Räder, dann bitteschön motorisiert – ein Motorroller oder Motorrad muss es schon sein. Dementsprechend hat Italien nach Luxemburg weltweit die höchste Zahl von PKW gegenüber der Einwohnerzahl (Deutschland folgt erst auf Platz sechs). Und ein Verkehrschaos, das zum täglichen Alltag gehört.

„Mein Maserati fährt 210 ...“: das autoverrückte Italien

Italien hat eine lange Geschichte als Autofahrernation. Sie begann vor dem Zweiten Weltkrieg, als die Modernisierung und Motorisierung des Verkehrs eines der wichtigsten Ziele der italienischen Faschisten war. Mussolini selbst soll Fiat-Chef Agnelli den Auftrag erteilt haben, einen „Kleinwagen für alle zu entwickeln; 1936 wurde dieser als Fiat 500 („Topolino“) vom Mailänder Autobauer auf den Markt gebracht. Eine Neuentwicklung gleichen Namens nach dem Krieg wurde Cinquino, in Deutschland „Knutschkugel“ genannt, das Massenverkehrsmittel im Italien der Wirtschaftswunderzeit. Bis heute sind solche Kleinwagen vor allem in den italienischen Städten präsent. Verfolgte Mussolini mit der Idee des „Volkswagens“ eine Industrie- und Verkehrspolitik, die von den Nazis kurz darauf kopiert wurde, so war der „Duce“ beim Autobahnbau gleichfalls Vorreiter: Der erste Autobahnabschnitt Europas wurde schon im September 1924 in Italien eingeweiht, er führte von Mailand in Richtung der oberitalienischen Seen. Die Begeisterung für das Automobil hat

aber wohl auch mit der Rennsportbegeiste-
rung der Italiener zu tun. Schließlich sind die
Namen der Strecken von Monza und Imola
gleichbedeutend mit spannender Formel I –
genau wie die Namen der berühmten Autobauer Ferrari, Maserati, Alfa Romeo, Lancia
(heute allesamt Teile des Fiat-Konzerns) und
Lamborghini (heute Audi). Für legendäres De-
sign stehen die Namen der großen italienischen Karosseriebauer: Ghia, Bertone, Zagato

und Pininfarina. Sollte sich der stolze Lenker
eines solchen Boliden aber zum Rasen auf der
autostrada hinreißen lassen – in Italien muss er
damit rechnen, dass die Polizei genauso schnell
ist wie sein Flitzer. Seit 2004 hat die italienische
Autobahnpolizei einen Streifenwagen mit einer
Spitzengeschwindigkeit von 325 km/h im Fuhr-
park – der Lamborghini Gallardo in weißblauer
Polizei-Lackierung war ein Geschenk des Auto-
bauers.

Vom Kleinwagen bis hin
zum teuren Sportwagen
– für den Italiener zählt
nur, dass sein Vehikel
motorisiert ist.

Benetton

AIDS-Kranke, zum Tode verurteilt, verteerte Vögel und eine blutgetränkte Uniform. Diese und ähnlich unerwartete Motive fand man ab den achtziger Jahren in Modemagazinen. Verantwortlich dafür war das italienische Modeimperium Benetton.

Strickwaren und Todgeweihte: Werbung mit ungewöhnlichen Mitteln

1965 gründete Luciano Benetton die Firma mit seinen drei Geschwistern. Schnell wurde das Unternehmen weltweit bekannt und entwickelte sich zu einem der größten Strickwarenhersteller. Luciano Benetton ersann schließlich das Farbkonzept „United Colors of Benetton", nach dem jedes Modell in unterschiedlichen Kolorierungen angeboten wird. Heute ist Benetton in mehr als hundert Ländern vertreten und unterhält in allen größeren Städten Filialen. Benetton sorgte vor allem wegen seiner aufsehenerregenden Werbung, die von 1984 bis 2000 zu sehen war, für Furore. Der Fotograf Oliviero Toscani setzte dabei Themen wie Krieg, AIDS, Rassismus und Armut in Szene. Ziel des Unternehmens war es, in seiner Werbung nicht die „schöne heile Welt" zu zeigen, sondern soziale Missstände zu thematisieren. Ein Aufschrei ging durch die italienische Gesellschaft, als ein Bild zeigte, wie ein Mönch und eine Nonne sich küssten. In arabischen Ländern wurde ein Motiv verboten, auf dem drei Kinder unterschiedlicher Hautfarbe ihre Zungen herausstreckten. Die USA empfand dagegen die Abbildung der zum Tode Verurteilten als anstößig. Und in Deutschland kamen die Klagen gegen solche Bilder sogar bis vor das Bundesverfassungsgericht.

Toscani wollte verdrängte Themen der Gesellschaft aufarbeiten, und Benetton gab ihm die Chance, das zu tun. Fakt ist, dass der Konzern seinen Umsatz während der Kampagnen enorm steigern konnte. Wenn diese Werbung auch in vielen Kreisen heftig umstritten ist, so zeigt die Modemarke Benetton doch, dass sie ein soziales Gewissen besitzt.

Die Werbeplakate sorgten in vielen Ländern für Furore, bei Benetton steigerten sie den Umsatz.

13

 Berlusconi

Man nennt ihn auch „il Cavaliere", was so viel heißt wie „Ritter" – der Ehrentitel wurde ihm für Verdienste um Italiens Wirtschaft verliehen.

Ein Stehaufmännchen – der Politiker und Medienzar Silvio Berlusconi

Die Rede ist von Silvio Berlusconi, mehrmaliger Ministerpräsident und außerdem einer der reichsten Unternehmer Italiens. In den sechziger Jahren begann der Mailänder Geschäftsmann in der Immobilienbranche, wandte sich mit seiner Investment-Firma „Fininvest" aber bald den Medien zu: 1978 erwarb er den ersten lokalen Fernsehsender in Mailand. Anfang der Neunziger beschloss Berlusconi in die Politik zu gehen und gründete die rechtspopulistischen „Forza Italia". Die erste Koalitionsregierung der Forza im Jahr 1994 hielt zwar nur sieben Monate, aber Berlusconi sollte wenig später für kurze Zeit und schließlich 2001 für fünf Jahre an die Macht zurückkehren. Trotz vollmundiger Versprechungen tendierte das Wirtschaftswachstum gegen Null, wohingegen

Berlusconi ist nicht nur mehrfacher Ministerpräsident, er zählt auch zu den reichsten Unternehmern Italiens.

die öffentliche Schuldenlast gestiegen war. Das beschworene „fortwährende Wunder" konnte die Öffentlichkeit nicht so recht sehen, was Berlusconi auf die ihm feindlich gesonnene Presse schob. Das ist wenig plausibel, hält Berlusconis Familie doch die Mehrheit an den beiden größten Verlagen Italiens. 2006 wurde Berlusconi abgewählt – ausgerechnet nach einer Wahlrechtsreform, von der die Kritiker befürchteten, sie würde Berlusconis Wiederwahl sichern. Trotz wiederkehrender Vorwürfe, Berlusconi sei in Geldwäsche und Mafia-Machenschaften verwickelt gewesen, trotz einer rechtskräftigen Verurteilung wegen Falschaussage vor Gericht und trotz zahlreicher, nach Verjährung oder Gesetzesänderungen eingestellter Gerichtsverfahren: Der italienische Wähler vermutet in dem Unternehmer den Mann, der das Land aus der Dauerkrise führen kann. Wie wäre es sonst zu erklären, dass der „Cavaliere" 2008 wieder Regierungschef geworden ist?

Borsalino

Männliches Stilbewusstsein ist ein Thema für sich. Mit einem Borsalino kann der modebewusste Herr aber sicher sein, dass ihm guter Geschmack attestiert wird. Erfunden hat den Hut der Italiener Giuseppe Borsalino. Er wurde 1834 in der Nähe Alessandrias geboren, verließ diese mit zwölf Jahren und wanderte durch Italien und Frankreich. Dort arbeitete er bei begabten Hutmachern und kehrte als ausgebildeter „Huterer" nach Alessandria zurück. Mit 24 Jahren eröffnete Borsalino dann ein Geschäft. Er stellte per Hand einen Hut aus Biberhaar her, mit einem Ripsband außen und einem Lederschweißband innen. Der Borsalino war geboren!

Der junge Giuseppe galt als industrieller Vorreiter Italiens, denn er importierte zur schnelleren Verarbeitung Dampfmaschinen aus Manchester. Sein Hutgeschäft lief gut, so verfügte der Hutmacher 1871 bereits über 130 Mitarbeiter, die täglich 300 Hüte herstellten. 1900 starb Borsalino. Die Geschäfte übernahm sein Sohn Teresio. Bis zum Zweiten Weltkrieg steigerte das Unternehmen weiterhin seine Produktion. Der Borsalino wurde zum „Musthave" gut gekleideter Männer überall auf der Welt. Humphrey Bogart, Al Capone und Jean-Paul Belmondo liebten das Accessoire. Letzterer drehte in den 70er Jahren auch einen Film mit dem Titel „Borsalino".

Die 68er-Generation trug nur ungern Hüte. Die Nachfrage nach den nun als konservativ geltenden Borsalinos ging spürbar zurück. Die Firma drosselte die Produktion und nahm nun auch andere Accessoires und Herrenbekleidung in ihr Programm auf. Trotz allem ist der Borsalino eine Legende. Der Hut der Hüte hat noch immer Stil und Eleganz, das beweisen auch Hutliebhaber wie Robert Redford, Leonardo DiCaprio oder Udo Lindenberg.

Italienische Eleganz geht um die Welt.

Der Borsalino ist eine der markantesten Kopfbedeckungen des zwanzigsten Jahrhunderts.

 # Botticellis „Geburt der Venus"

Sie gilt als Höhepunkt der Florentiner Kunstsammlung, der Uffizien: die Venus von Botticelli. Der antiken Mythologie zufolge war die Geburt der Venus ein durchaus gewalttätiger Akt. Der Himmelsgott Uranos hasste seine Kinder und entmannte seinen Sohn Kronos mit einer Sichel. Das Glied fiel ins Meer, gab aber noch einen letzten göttlichen Strahl von sich. Das Meer färbte sich rot, und überall war weißer Schaum. Das Mädchen, das darin genährt wurde, trieb der Windgott Zephyros schließlich zur Insel Zypern:

Botticellis Venus gehört zu den Hauptattraktionen der Uffizien in Florenz.

Sie hieß Venus und war die Göttin der Liebe und der Schönheit. Sie soll die Mutter des Helden Äneas und des Amor gewesen sein.

Der Florentiner Maler Sandro Botticelli schuf 1483 im Auftrag von Lorenzo di Medici das heute vielleicht bekannteste Bild der Göttin, „Die Geburt der Venus".

Sandro Botticelli lebte Ende des 15. Jahrhunderts in Florenz, dem blühenden Stadtstaat in der Toskana. Er begann seine Karriere als Maler auf Umwegen. Erst nach einer Ausbildung zum Goldschmied trat er eine Lehre als Maler bei dem Meister Fra Lippo Lippi an. Ende der 1460er Jahre machte sich Botticelli selbständig und entwickelte sich schnell zu einem gefragten Maler. Unter anderem schuf er drei der großen Fresken in der Sixtinischen Kapelle, berühmt ist auch seine „Anbetung der Hl. Drei Könige". Nach seinem Tod im Jahre 1510 geriet der Maler allerdings schnell in Vergessenheit und erlangte weltweiten Ruhm erst im 19. Jahrhundert. Botticellis heute berühmtestes Werk ist „Die Geburt der Venus", ein Bild, das die perfekte Synthese aus antikem und christlichem Gedankengut darstellt.

Venus, die im Zentrum des Bildes platziert ist, steigt soeben aus dem Meer heraus. Ihr welliges, rotblondes Haar bedeckt ihre Scham, mit den Händen versucht sie, ihre Brüste zu verbergen. So verkörpert sie Unschuld und Keuschheit. Sie wirkt durch ihre nackte Schön-

Botticellis Meisterwerk ist eines der Hauptwerke der italienischen Renaissance. Im Mittelalter wäre die Darstellung einer nackten Frau undenkbar gewesen.

heit sinnlich und zugleich schüchtern. Botticelli ließ sich maßgeblich von der antiken Bildhauerkunst inspirieren. So gehen zum Beispiel die Gewichtsverlagerung der Venus auf ein Standbein, ihre keusche Geste und das dargestellte Schönheitsideal auf Vorbilder antiker Bildhauer zurück. Der Windgott Zephyros bläst aus der linken Ecke des Bildes die Venus ans Ufer. An ihn schmiegt sich seine Gemahlin Chloris, eine Nymphe, die das Frühlingswachstum symbolisiert. So erscheinen um die beiden herum zahlreiche Rosenblüten. Auf der anderen Seite des Bildes steht eine der Horen, die Göttin des Frühlings, und reicht der nackten Venus einen

geblümten Mantel. Die Venus balanciert auf einer (Venus-)Muschel, Symbol von Sexualität und Sinnlichkeit. Rosen und Muscheln galten im Mittelalter außerdem als Symbole der Jungfrau Maria. Botticelli führt auf seinem Meisterwerk also verschiedene religiöse Anschauungen zusammen. Die in leuchtenden Farben gemalte Geburt der Venus zeigt zugleich irdische Freude und göttliche Reinheit. Heute kann man das fast lebensgroße Bild in den Uffizien in Florenz betrachten oder wahlweise auch auf zahllosen Postkarten, T-Shirts, Kaffeebechern und ähnlichem Nippes.

 Campari

Campari – der Name steht für Lebenslust und Leidenschaft. Ein Hauch von Monte Carlo und James Bond umweht den, der ihn trinkt – so will es jedenfalls die Werbung.

Die Geburtsstunde des roten Kräuterlikörs schlug in den 1860er Jahren in einem Mailänder Café. Der Erfinder Gaspare Campari kreierte ein Rezept aus zahlreichen Kräutern, Früchten, Wurzeln und Gewürzen, die in destilliertem Wasser aufgeweicht wurden. Danach versetzte er die Flüssigkeit mit reinem Alkohol und reinigte sie durch Filtergänge von ihren Trübstoffen. Das Rezept, das heute noch genau wie vor über hundert Jahren verwendet wird, ist ein gut gehütetes Geheimnis. Der Legende nach ist es immer nur einem einzigen Mann bekannt, dem Präsidenten der Campari-Gruppe. Der leuchtend rote Likör kann als Aperitif genossen werden, ist aber auch als Longdrink mit Orangensaft oder Soda äußerst beliebt.

Der gewitzte Erfinder des Campari bewies früh einen ausgeprägten Geschäftssinn. Er erlaubte anderen Cafés in Mailand, den „Campari Bitter" auszuschenken, wenn diese im Gegenzug sein Markenzeichen präsentierten. Gaspares Sohn Davide gelang es schließlich, den Campari weltweit bekannt zu machen. Er war unsterblich in die Sopranistin Lina Cavalieri verliebt, die gelegentlich als schönste Frau der Welt tituliert wurde. Zahlreiche Anträge, es sollen 840 an der Zahl gewesen sein, lehnte der schöne Opernstar ab. Davide war das egal – er wollte in ihrer Nähe sein und reiste ihr überallhin hinterher. Als sich Lina entschloss, die Welt zu erobern, folgte ihr Davide mit der Begründung, „Campari Bitter" müsse nun endlich den Exportmarkt betreten. So kam er nach Nizza, wo Campari seine erste Handelsniederlassung gründete. Die nächsten Aufenthalte auf Linas Tournee sollten auch Camparis nächste

Der Jet-Set im Glas – der Campari steht wie kein anderes Getränk für einen mondänen Lebensstil. Zumindest glaubt das der, der ihn trinkt.

Weniger mondän ist die ursprüngliche Herkunft der roten Farbe. Bis vor einigen Jahren wurde das Karminrot aus weiblichen Schildläusen gewonnen, bevor es einem synthetisch hergestellten Farbstoff wich.

Exportmärkte werden: Russland und die USA. Davide starb 1936, nachdem er Campari zu einer der weltweiten Spitzenmarken gemacht hatte. Seine Liebe zu Lina blieb hingegen unerfüllt – jedenfalls nahm sie nie einen Heiratsantrag von ihm an.

Der Mythos Campari war geboren. Leidenschaft und Lebenslust soll das Image suggerieren, und natürlich auch einen gehobenen Lebensstil. Trinke Campari, und du gehörst zum Jetset – wenn auch nur für fünf Minuten und nur in der eigenen Phantasie. Doch dieses Werbekonzept geht auf. Berühmte Künstler wie Andy Warhol, Federico Fellini oder auch Mario Testino übernahmen Werbeaufträge für Campari; Stars wie Selma Hayek und Jessica Alba agierten als Werbeträger.

Der bitter-süße Likör steht für das *dolce vita*, für Sex Appeal, Temperament und Passion. Welches Getränk könnte Italien wohl besser repräsentieren?

# Capri

Mitte der fünfziger Jahre, als das westdeutsche Wirtschaftswunder in Gang kam, wollten viele Bundesbürger auch mal was anderes sehen als die heimischen Bombenlücken, Tütenlampen und Nierentische: Für ein, zwei Wochen ließen sie Wiederaufbau Wiederaufbau sein und fuhren in die Richtung, die *dolce vita* verhieß: nach Italien. Die deutsche Italiensehnsucht lässt sich allerdings mindestens bis in die Zeiten Winckelmanns und des seligen Geheimrats Goethe zurückverfolgen. Ab Mitte des 19. Jahrhundert war dann eine Reise ins „Land wo die Zitronen blühn" für Künstler, Literaten und bürgerliche Schöngeister ein Muss. Aber erst durch den bescheidenen Wohlstand und die beginnende Motorisierung nach dem Zweiten Weltkrieg wurde eine solche Reise auch für die Masse der Bevölkerung möglich. Entsprechend rollten ab 1955 deutsche Motorroller, VW Käfer und „Leukoplastbomber"

„Wenn bei Capri die rote Sonne im Meer versinkt …" – ein Kapitel deutscher Italiensehnsucht

Richtung Gardasee. Waren die Reisenden abenteuerlustig genug, entfernten sie sich noch weiter vom Brenner und fuhren nach Rimini, Rom oder gar Neapel. Schließlich wollte so mancher auch einmal selbst Capri sehen, jene Insel im Golf von Neapel, die Rudi Schuricke mit soviel Schmelz in der Stimme besang. Das gefühlvolle Lied von den Capri-Fischern war einer der ersten großen Schlager-Erfolge der Nachkriegszeit und passte perfekt zur Reisewelle. Erstmals auf Schallplatte gepresst wurde das Lied allerdings schon 1943, damals gesungen von Magda Hain. Nur durfte es da bereits nicht mehr gespielt werden: Die US Army hielt die Insel seit 1943 besetzt.

Im 19. Jahrhundert war Capri als Winter- und Ferienquartier bei deutschen Italien-Liebhabern beliebt; um 1900 verbrachte Stahlmagnat Friedrich Alfred Krupp mehrere Winter im Luxushotel Quisisana. Bekannt wurde die Insel im 19. Jahrhunderts eigentlich wegen einer Attraktion, die der Schlager verschweigt. Dabei war

der Entdecker ein Deutscher, der Maler und Schriftsteller August Kopisch. 1826 findet er im Nordwesten der Insel durch Zufall den Zugang zur sogenannten Blauen Grotte. Sie ist durch ein vier Meter großes Loch mit dem Meer verbunden und das durchs Wasser einfallende Sonnenlicht erzeugt in der Grotte ein geheimnisvolles blaues Leuchten. Nach dem Besuch der Grotte im Jahr 1853 war der deutsche Kunsthistoriker Ferdinand Gregorovius sicher,

dass das Ende der Romantik gekommen sei. Mit der Entdeckung der Blauen Grotte sei nämlich das vielbeschworene Symbol der Romantik, die Blaue Blume, gefunden. Er prophezeite: „Kein Lied der Romantiker wird mehr gehört werden in deutschen Landen." Von wegen – da waren Komponist Gerhard Winkler und Textdichter Ralph-Maria Siegel vor! Und natürlich Rudi Schuricke: „Bella, bella, bella Marie …"

Eine Felsinsel im Mittelmeer – Capri ist eine atemberaubende Naturschönheit im Golf von Neapel.

23

# Carnevale di Venezia

Wer kennt ihn nicht, den Karneval in Venedig? Jährlich findet er in der Stadt der 400 Brücken statt. Typisch für den Karneval sind vor allem die farbenprächtigen Masken und die prachtvollen spätbarocken Kostüme – oft wahre Kunstwerke. Ganz Venedig wird während des Karnevals zu einer riesigen Festmeile und lockt mit Musik, Maskenbällen, Umzügen und anderen künstlerischen Darbietungen. Auch die Tradition der Commedia dell' Arte lebt dann wieder auf.

Der Carneval in Vendig ist ein buntes Treiben, bei dem schon Casanova seinen Spaß hatte.

Der Karneval geht auf eine Feier zurück, die den Winter verabschieden und den Frühling begrüßen sollte. Zum ersten Mal wurde der Carnevale di Venezia in einem Schriftstück des Dogen, des Staatsoberhauptes der Republik Venedig, im Mittelalter erwähnt. In dieser zehntägigen Übergangsphase sollte die starre Ordnung einmal auf den Kopf gestellt und sollten die Spannungen im Volk gelindert werden. Einfache Venezianer konnten sich dann, dank ihrer Verkleidungen, wie Adlige fühlen.

Den Höhepunkt erreichte die Karnevalskultur zu Lebzeiten Casanovas, der das bunte Treiben liebte. Venedig war ja auch das europäische Zentrum der Vergnügungen und der Liebe. Es gab sogar Kataloge für die Besucher der Stadt, in denen die Adressen der teuersten Lustdamen veröffentlicht wurden. Nach der Eroberung Italiens ließ Napoléon Bonaparte die Feierlichkeiten verbieten. Erst Ende des 19. Jahrhunderts ließ man das närrische Treiben wieder aufleben. Heute ist der Karneval noch immer eine echte Attraktion, für Einheimische ebenso wie für Touristen. Kreative Kostüme gepaart mit der schönen Kulisse Venedigs schaffen eine Welt der Phantasie und des Traums.

Was diesen Karneval auszeichnet, sind neben dem idyllischen Schauplatz die aufwendig gestalteten Masken.

25

# Casanova

Weltgewandter Verführer, Geheimagent, Abenteurer, Bestsellerautor – die Rede ist nicht von James Bond, sondern von einer realen Figur: Giacomo Casanova (1725–1798). Ob als Liebling der Frauen oder Vertrauter der Könige – Casanova wäre Dauergast in den Klatschspalten gewesen, wenn es diese denn zu seinen Lebzeiten schon gegeben hätte.

Frauen, Könige, Abenteuer

Der 1725 in Venedig geborene Casanova war der wohl bekannteste Verführer aller Zeiten, und nicht nur sein Liebesleben zeichnete sich durch Rastlosigkeit aus. Er reiste durch halb Europa, traf eine Vielzahl berühmter Persönlichkeiten (Papst Clemens VIII., Friedrich den Großen, Voltaire, Katharina die Große, Goethe, Mozart) und erlebte Abenteuer auf Abenteuer. Die Kirche war darüber nicht immer amüsiert, und bald ließ die Inquisition ihn wegen Gottlosigkeit in den berüchtigten Bleikammern einkerkern. Selbst dort hielt es ihn nicht allzu lange. Nach seiner Flucht aus der Gefangenschaft setzte Casanova sein rastloses Leben fort.

Zur Ruhe kam Giacomo Casanova erst, als er, mittlerweile 60-jährig, eine Stelle als Bibliothekar des böhmischen Grafen Waldstein in Dux antrat. 1798 starb er dort, sein Grab ist mittlerweile verschwunden. Neben einer unüberschaubaren Schar von unehelichen Kindern hinterließ Casanova der Nachwelt seine unterhaltsam geschriebenen Memoiren, die bald zum internationalen Bestseller wurden – und das nicht nur wegen der zahlreichen Schilderungen erotischer Eskapaden. Neben den über 100 Affären mit Frauen, die er in den Memoiren verewigt, erwähnt er zwischen den Zeilen auch immer wieder sexuelle Beziehungen zu Männern. Mit seinem freien Verständnis von Sexualität und Liebe als Kunst und Spiel war Giacomo Casanova ganz ein Kind seiner Zeit. Bis heute gilt er als Inbegriff des Latin Lovers. Welcher Mann würde nicht gerne für einen Tag in diese Fußstapfen treten?

Ein venezianischer Schriftsteller – aber vor allem bekannt wegen seiner zahllosen Liebschaften.

J. CASANOVA DE SEINGALT
Buste découvert au Château de Waldstein

Cinecittà

Hollywood, Bollywood und … Cinecittà! Am Rande Roms, hinter unscheinbaren Mauern verborgen, liegt Europas eigene Traumfabrik.

Europas Hollywood liegt in Rom.

Seit mittlerweile siebzig Jahren ist die Stadt des Films, Cinecittà, einer der wichtigsten Produktionsorte für Filme in Europa; lange war sie sogar die wichtigste auf dem Kontinent. Nicht nur Aufstieg und Niedergang des italienischen Kinos sind untrennbar verbunden mit dem 1937 von Mussolini begründeten Studiokomplex vor den Toren der Ewigen Stadt.

Auch vermeintliche Hollywood-Filme wie „Cleopatra" und „Ben Hur" wurden größtenteils hier gedreht. In den glorreichen Jahren des europäischen Films, den 1950ern und 1960ern, galt Cinecittà auch bei amerikanischen Filmschaffenden als attraktive, weil preiswerte Alternative zu Hollywood. Damals war der Ausstoß an Filmen enorm. Ob Komödien, Sandalenfilme, Spaghetti-Western oder die hohe Filmkunst von Regie-Genies wie Antonioni,

Die Cinecittà ist einer der wichtigsten Produktionsorte für Filme in Europa.

Fellini oder Visconti – in Cinecittà konnte man alles.

Als der europäische Film an Zugkraft verlor, als amerikanische Finanziers aus Angst vor den erstarkenden italienischen Kommunisten kein Geld mehr in Coproduktionen investierten, als den Heroen des Nachkriegsfilms keine neue Generation mehr nachwuchs, begann auch der Niedergang der Studios. Nachdem ein Bankrott nur knapp abgewendet werden konnte, wurden die ehemaligen Staatsbetriebe in den neunziger Jahren privatisiert, und man bemühte sich auch sonst, sich dem Wandel der Zeit anzupassen. Neben Blockbustern wie „Gladiator" und „Gangs of New York" entstanden dort in den letzten Jahren vermehrt auch aufwendige TV-Serien. So wurde mit „Rom" die bis dato teuerste TV-Produktion in Cinecittà gedreht – wo sonst? Insgesamt blickt die Stadt des Films nun auf mehr als 3.000 Produktionen zurück, und die Geschichte von Cinecittà ist längst noch nicht zu Ende.

 # Commedia dell' Arte

Wer kennt sie nicht: die weiß geschminkten, in weite Gewänder mit Rautenmuster gekleideten Clowns mit aufgemalter Träne. Über das Theater und als venezianische Karnevalsmasken wurden Harlekin, italienisch *Arlecchino*, und seine Mitstreiter Colombina, Pulcinella und Pantalone, europaweit bekannt. Ursprünglich stammen sie aus der Commedia dell' Arte, einer süditalienischen Volkstheatertradition, die seit dem 16. Jahrhundert von wandernden Theatergruppen auch außerhalb Italiens verbreitet wurde. Die Stücke folgen einer immer gleichen Struktur, und die mitwirkenden Figuren sind festgelegte, dem Publikum wohlbekannte Typen: Im Mittelpunkt jedes Stücks stehen „die Liebenden" (*innamorati*), zwei junge Leute, die nicht zueinander kommen können, weil die verbohrten Väter (genannt *vecchi*, die „Alten") sich nicht riechen können. Um sie herum agiert ein bunter Haufen durchtriebener Dienerfiguren (die *zanni*),

Ihre Figuren kennt in Italien jedes Kind.

Die Stücke der Commedia dell' Arte werden von den immer gleichen Typen bevölkert.

zu denen auch Arlecchino und Pulcinella gehören. Die „Alten" und die volkstümlichen *zanni*-Figuren spielen maskiert und sind auch an der Kleidung und ihren Attributen erkennbar. Die beiden Diener-Figuren Arlecchino und seine Freundin Colombina helfen dem verliebten Paar. Der Weg zum Happy End ist jedoch mit Intrigen und Streichen der anderen *zanni* und ihrer Herren gepflastert. Die Gags und die Struktur der Stücke waren allseits bekannt und so blieb den Schauspielern Raum für Spontaneität und Improvisation: Auf Zurufe aus dem Publikum wurde reagiert, und tagesaktuelle Ereignisse wurden in die Stücke integriert. Niedergeschlagen hat sich das Volkstheater auch in den Werken der Hochliteratur: Shakespeares Figuren wären ohne die Figuren der Commedia sicherlich weniger lustig. Und auch das europäische Puppentheater wäre nicht denkbar: Kasper, Prinzessin und Wachtmeister sind die Erben von Arlecchino, Colombina, Capitano und Co.

 Dante

Zu behaupten, dass Dante Alighieri die italienische Sprache erfunden habe, wäre übertrieben. Dennoch gilt er gewissermaßen als ihr literarischer Vater. Denn: Dante war der Überlieferung nach der Erste, der das gesprochene Italienisch zu Papier brachte und es damit erstmals schriftlich dokumentierte. Wie er das tat? Indem er sein Hauptwerk, das Versepos „La Commedia" („Die Göttliche Komödie"), in der Volkssprache seines Landes statt auf Latein verfasste und damit die italienische Sprache zur Kultursprache erhob.

Dante Alighieri gilt als Vater der italienischen Sprache. Sein Epos „Divina Commedia" ist das erste auf Italienisch verfasste literarische Werk.

Geboren wurde Dante vermutlich 1265 in Florenz, er starb 1321 in Ravenna. Das Monumentalwerk, an dem der Autor mehr als ein Jahrzehnt arbeitete, beschreibt Dantes und Vergils Reise durch das Jenseits nach mittelalterlicher Vorstellung. Die Reise führt den Autor unter der Führung des Dichters Vergil durch die Hölle und das Fegefeuer ins himmlische Paradies. Hölle und Paradies sind in jeweils neun konzentrische Kreise unterteilt, während das Fegefeuer in sieben Stufen der Läuterung durchschritten wird. Im Paradies trifft Dante schließlich Beatrice, eine Frauenfigur, die auf eine Jugendliebe des Dichters zurückgeht. Beatrice ist auch die Protagonistin von „Vita Nuova" („Vita Nova"), einer vermutlich autobiographischen Erzählung Dantes, die in Sonetten und Kanzonen seine Liebe zu Beatrice schildert.

Der Florentiner Dichter und Politiker, dessen Werke früh berühmt wurden, gilt heute gemeinhin als bedeutendster Dichter des europäischen Mittelalters. Besonders im 19. Jahrhundert blühte ein regelrechter Dante-Kult. Wer etwas auf sich hielt, der hatte eine Dante-Büste auf dem Kamin oder im Bücherregal. Die Devotionalien findet man heute oft auf Flohmärkten – halten Sie bei Ihrem nächsten Flohmarktbesuch also die Augen auf!

Seine Geburtsstadt Florenz verbannte ihn mitsamt seinen Söhnen. Gestorben ist er im Exil in Ravenna, dort wurde er auch begraben. Seine Vaterstadt errichtete ihm posthum ein Grabmonument, das bis heute leer ist.

 # „David" von Michelangelo

Zu Beginn des 16. Jahrhunderts entstand die wohl berühmteste Statue der Kunstgeschichte. 1501 erhielt der Architekt, Maler und Bildhauer Michelangelo Buonarroti in Florenz den Auf-

Meisterwerk der Hochrenaissance und bekannteste Skulptur der Kunstgeschichte

trag, eine David-Figur aus einem Marmorblock von kolossalem Ausmaß zu meißeln. Michelangelos Arbeit an der David-Statue dauerte bis

1504. Ursprünglich sollte sie das Figurenprogramm an den äußeren Strebepfeilern der Kirche Santa Maria del Fiore ergänzen. Daher weist der David Verschiebungen in den Proportionen auf. Die Beine wirken zu kurz, die Arme zu lang, Hals und Kopf erscheinen zu groß für den Körper. Die Statue entfaltet ihre Wirkung also erst, wenn man sie von unten betrachtet. Aufgestellt wurde sie nach Entschluss einer Kommission – der unter anderem auch Botticelli und Leonardo da Vinci angehörten – auf dem Platz vor dem Palazzo Vecchio. Seither hat der David eine ereignisreiche Zeit

Bei genauerer Betrachtung fällt auf, dass die Proportionen nicht ganz stimmen.

hinter sich. 1512 erzwangen die Medici ihre Rückkehr in die Stadt. Im Zuge der kämpferischen Auseinandersetzungen zertrümmerte eine Bank, die aus einem Fenster des Palazzo Vecchio geworfen wurde, den linken Arm der Statue. Giorgio Vasari verwahrte die Bruchstücke bis zur Restauration Mitte des 16. Jahrhunderts. Im Jahre 1873 wurde die Statue im nur für sie gebauten Kuppelraum der Galleria dell'Accademia aufgestellt. 1910 wurde eine Replik der Skulptur für den Platz vor dem Palazzo Vecchio angefertigt.

Der David wurde bereits mehrmals restauriert, um Altersspuren zu beseitigen oder größere Schäden zu reparieren, so etwa, nachdem die Figur von einem Mann mit einem Hammer traktiert worden war. Dennoch nagt der Zahn der Zeit weiterhin an der 6 Tonnen schweren Monumentalstatue, denn die Erschütterungen, die die Stadt und die Museumsbesucher seit 500 Jahren verursachen, erzeugen Risse im Marmor des weltberühmten David.

Il Decamerone

Der unverwüstliche „Decamerone" von Boccaccio gilt als erstes großes Prosawerk Italiens. Mitte des 14. Jahrhunderts geschrieben, liest er sich noch heute als eine unterhaltsame Novellensammlung.

Während seines Studiums in Neapel verliebte sich der Florentiner Giovanni Boccaccio unsterblich in die schöne Tochter des Königs. Er warb um

Erotik und derbe Komik

sie und konnte sie als Geliebte für sich gewinnen. Anschließend ging er nach Florenz zurück, studierte Griechisch, las die antiken Autoren und trat schließlich in den Staatsdienst ein. Mit Dante und Petrarca, ebenfalls große italienische Autoren der Zeit, pflegte er eine innige Freundschaft.

Einige der Novellen wurden in Gemälden verewigt.

Auf dem Höhepunkt seines Schaffens ließ er sich von einem Mönch bekehren, verdammte seine Werke, verarmte und starb 1375 mit 62 Jahren. Der Name „Decamerone" ist aus dem Griechischen und bedeutet „Zehntagebuch". Das Buch erzählt von sieben Damen und drei Männern, die vor der Pest in Florenz im Jahre 1348 auf ein außerhalb gelegenes Schlösschen fliehen. Dort verbringen sie zehn Tage zusammen. Zur Unterhaltung wird jeden Tag einer zum „König" bestimmt, der einen Themenkreis für Erzählungen vorgibt. Dazu müssen sich alle zehn eine Geschichte ausdenken, so dass es am Ende hundert kleine Novellen werden. Im Mittelpunkt stehen dabei erotische Geschichten und die Veralberung des Priestertums. Die bekannteste Episode ist wohl die der Ringparabel, die Lessing später in „Nathan der Weise" verarbeitete.

Von den hundert Novellen hat Boccaccio nur die wenigsten selbst erfunden. Viele stammen aus dem arabischen, persischen oder französischen Raum, die er dann lebendig und anschaulich zu einem komplexen Ganzen verwebte. Nicht alle waren davon begeistert. Nach der Veröffentlichung ließ ein fanatischer Priester das Werk verbrennen. Trotzdem überlebte das großartige Prosastück.

Don Camillo und Peppone

Die Abenteuer des Geistlichen Don Camillo und seines ihm in Hassliebe verbundenen Gegenspielers Peppone, ein kommunistischer Dorfbürgermeister, lieferten den Stoff für eine der erfolgreichsten Filmreihen der 50er Jahre.

Korruption und politischer Extremismus auf satirisch komische Weise erzählt

Die Geschichten spielen in einem kleinen Dorf in der Po-Ebene, sie stammen aus der Feder des italienischen Schriftstellers Giovanni Guareschi. Der französische Regisseur Julien Duvivier setzte die amüsante Nachkriegsgeschichte 1951 mit den beiden Schauspielern Gino Cervi und Fernandel um. Der erste Film war so erfolgreich, dass es fünf Fortsetzungen gab.

Die Geschichte zeigt das arme, vom Krieg zerrüttete Italien, das vom Konflikt zwischen Katholizismus und Kommunismus geprägt ist. In diese Situation betten sich auch die Streitereien zwischen den Protagonisten ein, die ihre Konflikte frei von jedem Hass austragen. Don Camillo, der temperamentvolle Pfarrer mit dem lockeren Mundwerk, regelt seine Probleme auch mal unter Einsatz seiner Fäuste. Sein Erzfeind Peppone, der Bürgermeister und Anführer der Kommunisten, hat ebenso wie sein Widersacher nur ein Ziel: die Bewohner seines Dorfes glücklich zu machen. Beide sind aber in ihren Ansichten, was denn „ihren Schäfchen" gut tun würde, grundverschieden und geraten deshalb regelmäßig aneinander. Bei einem guten Glas Lambrusco wird dann aber doch so mancher nicht immer gewaltfreie Streit beendet.

Die Filme waren beim italienischen Publikum enorm beliebt, und auch in Deutschland laufen sie bis heute immer wieder im Tagesprogramm und unterhalten die Zuschauer. Die Geschichten Guareschis nehmen auf witzige Art und Weise die italienischen Eigenarten aufs Korn. Die Italiener lieben wohl gerade deshalb ihre Volkshelden Don Camillo und Peppone so sehr.

Der katholische Priester Don Camillo und der kommunistische Bürgermeister Peppone bei ihrem tagtäglichen ideologischen Kleinkrieg

Illustrierte
Film-Bühne
Nr. 1724

Don Camillo und Peppone

Ferragosto

Leere Städte, unendlich lange Staus und übervölkerte Strände: Dieses Phänomen ist in Italien während der Zeit des Ferragosto gang und gäbe. Das Fest wird am 15. August begangen und fällt mit dem Feiertag Mariä Himmelfahrt zusammen. An diesem Tag fahren die meisten Italiener an den Strand oder in die Berge, denn dann beginnt die heißeste Zeit des Jahres. Die Autostradas in Richtung Adria sind an diesen Tagen restlos überfüllt.

Staatlich verordneter Urlaub

Ursprünglich mieteten sich viele Familien für die Sommermonate für zwei bis drei Wochen am Meer in einem kleinen Häuschen ein. Die arbeitenden Familienmitglieder stießen dann meist an Ferragosto dazu.

Schon in der Antike feierten die Römer den Ferragosto. Kaiser Augustus entschied, dass zum Wendepunkt des Sommers nicht nur die freien Bürger, sondern auch die Sklaven frei haben sollten. Im 6. Jahrhundert wurde dann Mariä Himmelfahrt auf diesen Tag gelegt. So entwickelte sich dieses Datum zum Symbol für den Sommerurlaub der Italiener. Auch viele große Konzerne und öffentliche Behörden machen den ganzen August lang Ferien.

Am Abend des Feiertages finden überall in Italien Feste statt, auf denen viel und ausgelassen getanzt wird. Große Gemeindefeste, Jahrmärkte oder Open-Air-Konzerte werden überall im Land veranstaltet. Den Abschluss findet das rauschende Volksfest schließlich mit einem großen Feuerwerk.

Für Touristen herrscht dann freie Bahn in den Städten. Jetzt muss man sich nicht schwitzend in eine zu kleine Bahn drängen, und einen Parkplatz findet man in den Sommerferien der Italiener problemlos. Andererseits haben aber auch viele Geschäfte geschlossen. Die Suche nach einem Lebensmittelladen wird dann schnell zum Abenteuer. Das öffentliche Leben kommt in diesen Tagen fast vollständig zum Erliegen.

Vollkommen überfüllte Strände, Staus, ausgebuchte Hotels und Pensionen – Ferragosto ist der Höhepunkt der Feriensaison.

Filmfestspiele Venedig

Eins wird man hier bestimmt nicht hören: Die Worte „and the Oscar goes to …" Denn der Preis, der hier verliehen wird, heißt „Goldener Löwe", *Leone d'Oro.* Man spricht italienisch in der Lagunenstadt, und zur Hollywood-

Noch heute besticht das älteste noch bestehende Filmfestival mit seinem Charme.

Industrie pflegt man eine gesunde Distanz. Schließlich lautet der Name des Filmfestivals *Mostra Internazionale d'Arte Cinematografica di Venezia* – und da ist ausdrücklich von der Filmkunst die Rede. Die Liste der Löwen-Gewinner – der Preis wird für die beste Regie verliehen – liest sich dann auch wie das Who's Who des internationalen Autorenfilms: Kurosawa, Visconti, Rosselini, Buñuel, Tarkowskij, Malle, Wenders, von Trotha, Rohmer, Altman … Hollywood kommt da nur ausnahmsweise mit großen Independent-Produktionen vor – wie 2008, als Darren Aronov-

Das Motiv des Goldenen Löwen wurde dem Stadtwappen Venedigs entnommen.

sky mit dem Catcherdrama „The Wrestler" den Löwen gewann, oder drei Jahre zuvor Ang Lees Cowboy-Melodram „Brokeback Mountain". Schon seit 1932 werden Filmpreise am Lido vergeben und seit 1949 Goldene Löwen für die beste Regie.

Das Bekenntnis zur hohen Filmkunst und der Glanz großer Stars schließen sich aber nicht aus: Ohne den Glanz der Schönen und Berühmten verlöre auch das Spektakel im Palazzo del Cinema seinen Charme. So ist die Liste der prämierten Darsteller womöglich noch eindrucksvoller als die der Regisseure. In der Nachkriegszeit standen Stars wie Jean Gabin, Anna Magnani, Vivien Leigh, Alec Guinness, Sophia Loren, Marcello Mastroianni, Jack Lemmon und Shirley MacLaine im Blitzlichtgewitter der Fotografen und sorgten für mondäne Aura. In jüngerer Zeit brachten River Phoenix, Tilda Swinton, Cathé-

rine Deneuve, Sean Penn, Juliette Binoche und Brad Pitt Glanz und Glamour ans Ufer des Canal Grande. Mit Emil Jannings und Curd Jürgens sind Darsteller aus deutschen Landen schon seit den frühen Jahren erfolgreich; zuletzt schritten Götz George („Der Totmacher") und Katja Riemann („Rosenstraße") als Preisträger

über den roten Teppich. Zwar ist im Jahr 2006 dem Festival von Venedig durch das Filmfest in Rom Konkurrenz im eigenen Lande erwachsen. Bisher aber sieht es nicht danach aus, als müsste die „große alte Dame" aller Filmfestivals ihre Rolle als Schaufenster für anspruchsvolle Arthouse-Filme aus aller Welt aufgeben.

Das Schaufenster für Arthouse-Filme aus aller Welt

Fontana di Trevi

Anita Ekberg, drei Münzen und die linke Schulter: Wenn es einen Ort gibt, der Rom als Stadt der Romantik verkörpert, dann ist es die Fontana di Trevi. Der berühmte Barockbrunnen im Zentrum der Ewigen

Das „Königreich des Ozeans" ist eine barocke Schönheit mit Geschichte.

Stadt zeigt den vor Kraft strotzenden Meeresgott Oceanus, der die tosenden Fluten unter sich bannt. Daneben ragen die Tritonen auf, die wilde Seepferde bändigen. Versorgt wird der Brunnen aus einem Aquädukt, der schon im 1. Jahrhundert v. Chr. angelegt wurde. Das Wasser umspült die steinernen Felsen und sammelt sich in einem großen Becken.

Das Medium Film verschaffte dem Trevi-Brunnen ganz unerwartete Popularität. In „Drei Münzen im Brunnen" wird er zum Symbol der romantischen Gefühle aller Rom-Besucher. Beinahe skandalös ging es dagegen in Federico Fellinis Film „La Dolce Vita" (1960) zu: In einer Schlüsselszene steigt Anita Ekberg kurzerhand in den Brunnen, um spontan ein Bad zu nehmen; das galt damals als unerhört frivol.

Doch zurück zum Trevi-Brunnen und seiner Geschichte: An gleicher Stelle gab es im 15. Jahrhundert schon einen einfacheren Brunnen; auf Wunsch von Papst Urban III. sollte dieser nach Plänen Berninis umgestaltet werden. 1762 war die Veränderung durch Nicola Salvi schließlich perfekt.

Die 20 Meter breite und 26 Meter hohe Anlage steht seitdem gegenüber der Quirinale, der früheren Residenz der Päpste, die so die beste Sicht auf das Schauspiel hatten. Die imposante Oceanus-Figur wurde erst nach Salvis Tod von Pietro Bracci angelegt.

Der Legende nach muss man eine Münze rückwärts über die linke Schulter in den Brunnen werfen, um seine Rückkehr nach Rom zu sichern. Wirft man eine zweite, verliebt man sich in einen Italiener, und eine dritte verspricht die Heirat. Einen Abstecher ist das „Königreich des Ozeans" allemal wert.

Anita Ekbergs spontanes Bad im Film „La Dolce Vita" bescherte dem Brunnen weltweiten Ruhm.

 # Fußball

Ewige Rivalen: der AC Mailand und Inter Mailand

Sie sind ewige Rivalen in der eigenen Stadt: die beiden berühmten Traditionsvereine aus Mailand Inter und AC Mailand. Und das obwohl (oder gerade weil) sie vor langer Zeit ein Verein waren. 1908 gingen beide aus dem neun Jahre zuvor gegründeten „Milan Football and Cricket Club" hervor. In der Nachkriegszeit dominierte „Inter" die Fußballlandschaft, bis in den 1980ern und 1990ern schwere Zeiten anbrachen. Ähnlich schlecht sah es zu dieser Zeit für den Rivalen aus, die „Associazione Calcio Milan". Zwar hatte der AC in 1979 zehn *scudetti* gewonnen. Dann aber folgten der Absturz in die Serie B und finanzielle Probleme, bis schließlich 1986 der Medienunternehmer Silvio Berlusconi den Verein übernahm. Mit Topstars aus dem Aus- und Inland gelang die Rückkehr der „Rossoneri" an die Spitze und auch der mehrfache Einzug ins Champions-League-Finale. Nach einer erneuten Schwächephase Mitte bis Ende

Gefürchtete Gegner auf dem Rasen

der Neunziger konnte AC ab 2003 wieder an alte, auch internationale Erfolge anknüpfen. Einen zweifelhaften Ruf erwarben sich die gut organisierten Fans vom AC. Wie in Serie-A-Spielen üblich, entrollten die Ultras gerne riesige Banner, schmähten mit ihren Gesängen den Gegner und entzündeten Leuchtraketen. Wirklich erschüttert aber wurde Italiens Fußball im WM-Jahr 2006 durch den Ligaskandal. Bei Ermittlungen in Neapel kam ans Licht, dass in der Saison 2004/2005 Juventus Turins Manager Luciano Moggi versucht hatte, über Funktionäre anderer Clubs Einfluss auf Spielergebnisse zu nehmen. Betroffen waren, außer Juventus, auch der AC Mailand sowie die Clubs Fiorentina, Lazio und Reggina. Zunächst sollten sie aus der Serie A relegiert werden. Schließlich aber endete die Affäre in der Saison 2006/07 mit drastischen Punktabzügen für die Mannschaft, Heimspielen vor leeren Zuschauertribünen und dem zeitweiligen Ausschluss von UEFA Cup und Champions League.

Gardasee

Die Schriftstellerin Sybille Berg nannte den Ort Bellagio am Comer See „so ungefähr das Vollkommenste … was man als kleiner Ort sein kann, wo jeder Millimeter schon einmal von Prinzen-, Königs- oder Filmstarfüßen berührt wurde". Und tatsächlich: Die Mächtigen und Berühmten lieben solche kleinen italienischen Orte mit Seeblick und reißen sich um schicke alte Villen oder logieren in exklusiven Hotels und Palazzi. Heute besitzen George Clooney und Brad Pitt Häuser am Lago di Como, aber schon die alten Römer schätzten diese Uferlage.

Seit der Antike eine Spielwiese für die Reichen und Berühmten

Plinius der Jüngere, Spross einer lokalen Ritterfamilie, dichtete im 1. Jahrhundert am Comer See und baute zwei Villen, die er Comedia und Tragedia nannte. In der Renaissance errichtete Kardinal Tolomco Gallio nicht weit entfernt in Cernobbio die „Villa d'Este". Anfang des 19. Jahrhunderts wohnte Caroline von Braunschweig hier.

Schon die alten Römer schätzten die wunderbare und farbenprächtige Naturlandschaft des Gardasees.

Auch die Ufer des Gardasees, etwas weiter südlich an der Grenze von Veneto, Trient und Lombardei gelegen, sind seit der Antike Spielwiesen für Reiche und Berühmte: Die Familie Catulls hatte eine Villa auf der Halbinsel Sirmio. In den zwanziger Jahren des letzten Jahrhunderts übersiedelte der Dichter, Dandy und faschistische Kriegsheld Gabriele d'Annunzio an das Westufer des Gardasees. Mit Hilfe von Regierungsgeldern baute er die „Villa Cargnacco" und das dazu gehörige Grundstück zu einem „Siegesschrein der Italiener" um – inklusive des Leichtflugzeugs, mit dem der tollkühne Literat im Ersten Weltkrieg Flugblätter über Wien abgeworfen hatte. Etwas später wurde auch die Puglia, ein Kriegsschiff, dekorativ auf einem Berghang platziert. Nicht bekannt ist, ob der wegen Steuerhinterziehung verabschiedete Ex-Chef der Deutschen Telekom, Klaus Zumwinkel, in seiner Burg Tenno am Nordufer des Sees ähnlich spektakuläre Umbauten hat vornehmen lassen.

Giuseppe Garibaldi

In jeder noch so kleinen Stadt Italiens findet man ein Garibaldi-Denkmal. Zahlreiche Straßen und Plätze sind nach ihm benannt. Giuseppe Garibaldi, der große Kämpfer für die Einheit Italiens, wird noch heute verehrt wie kein Zweiter.

Er war der Held zweier Welten.

Geboren wurde er 1807 im französischen Nizza. Sein abenteuerlustiger Charakter trieb ihn zur See. Noch während dieser Zeit trat Garibaldi der patriotischen Bewegung Italiens bei. Später nahm er am Aufstand in Piemont teil, der aber erfolglos blieb. Der Freiheitskämpfer wurde daraufhin zum Tode verurteilt, konnte sich aber nach Südamerika retten. Dort beteiligte er sich an Aufständen in Brasilien und Uruguay.

Zehn Jahre nach seiner Flucht kehrte Garibaldi in sein Heimatland zurück und nahm dort an den italienischen Unabhängigkeitskriegen teil. Dort gelang es ihm immer wieder, selbst aus scheinbar ausweglosen Situationen als Sieger hervorzugehen. Schon zu dieser Zeit entstand

Der Landesvater ist in Italien allgegenwärtig.

der „Mythos Garibaldi"; Garibaldi wurde zum Nationalhelden Italiens. 1849 wurde die lang ersehnte Republik in Rom ausgerufen. Doch das Glück wehrte nicht lange, denn Papst Pius IX. und seine Unterstützer, die französische Armee, nahmen Rom wenige Monate später ein. Giuseppe Garibaldi floh abermals und verlor dabei seine geliebte Frau Anita. Während seines zweiten Exils bereiste er zahlreiche Länder und kam sogar bis nach China.

Dennoch war er nicht bereit, den Traum von der Einheit Italiens aufzugeben. Ohne große finanzielle Mittel, mit nur zwei gekaperten Schiffen, stach er mit einigen Unterstützern in Richtung Sizilien in See. Von dort aus führte ihn der Befreiungskampf durch Süditalien. Einer seiner legendären Kämpfe ging als „Zug der Tausend" in die Geschichte ein, benannt nach seinen tausend Mitstreitern, den „Rothemden". Der Ruhm Garibaldis verbreitete sich unaufhaltsam. Überall, wo er auftrat, lief das Volk zusammen und empfing ihn mit Beifallsstürmen.

Doch Garibaldi, der sich nach seinem siegreichen Kampf zum Diktator Süditaliens erklärte, wollte mehr. Sein großes Ziel war die Befreiung des Vatikans von der päpstlichen Herrschaft und den französischen Alliierten. Beim Feldzug gegen diese wurde er jedoch schwer verwundet – die Mission scheiterte. Garibaldi zog sich auf seine Insel Caprera zurück und schrieb dort, mit Hilfe von Victor Hugo, an seiner Autobiographie.

Noch einmal versuchte er, auf die Geschicke Italiens Einfluss zu nehmen, und wurde Abgeordneter im Parlament. Doch Garibaldi war ein Mann der Tat und gab diese Rolle schnell wieder auf. Nach vereinzelten Aufenthalten in England und Frankreich, wo er 1871 übrigens auf Seiten der Franzosen im Deutsch-Französischen Krieg kämpfte, kehrte er auf seine Insel Caprera zurück und starb dort 1882.

Der große Giuseppe Garibaldi wird bis heute als größter Held des „Risorgimento", des Kampfes für ein einiges, freies Italien, verehrt.

 „Gastarbeiter" in Deutschland

„Eine Reise in den Süden / Ist für andre schick und fein / Doch zwei kleine Italiener / Möchten gern zuhause sein …", sang Conny Froboess im Jahr 1962, auf dem Höhepunkt des „Wirtschaftswunders", und ganz Westdeutschland sang das Liedchen mit. Etwas verniedlicht zeichnet der Schlager eine durchaus reale Situation: Italien ist nicht nur für die sonnenhungrigen Deutschen ein Sehnsuchtsort, sondern auch und vor allem für die vielen in Deutschland lebenden italienischen Arbeiter. Denn seit der Unterzeichnung des deutsch-italienischen Anwerbeabkommens im Dezember 1955 rollte nicht nur die Reisewelle aus Käfern und Kabinenrollern über den Brenner gen Süden, auch in umgekehrter Richtung waren Züge voller italienischer „Gastarbeiter" in Richtung deutsches Wirtschaftswunder unterwegs.

Ludwig Erhard hatte sich früh um das Anwerbeabkommen bemüht, als es in Westdeutschland noch etwa eine Million Arbeitslose gab. Er aber sah bereits eine Situation des Arbeitskräftemangels voraus. Und richtig: Mitte der sechziger Jahre herrschte Vollbeschäftigung, 1971 betrug der Anteil ausländischer Arbeitnehmer in der BRD bereits 10,3 %. Darunter waren viele Portugiesen, Spanier, Türken, Griechen und Jugoslawen – und sehr viele Italiener, die schon seit Ende der fünfziger Jahre vermittelt worden waren.

Die meisten italienischen Arbeiter stammten aus dem traditionell armen, von der Landwirtschaft geprägten Süden, dem Mezzogiorno, wo die Großgrundbesitzer fast wie mittelalterliche Feudalherren herrschten. Sehr verlockend war für viele daher die Aussicht, gutes Geld in deutschen Fabriken zu verdienen. Mit der Zeit wurden viele Italiener in Deutschland sesshaft. Nicht zuletzt spielte *amore* eine wichtige Rolle – etwa ein Drittel der in Deutschland lebenden italienischen Männer heiratete eine deutsche Frau.

Arbeiten in Deutschland, träumen von der Heimat

Gelato

Erfunden wurde das Eis nicht, wie sonst fast alles in Italien, von den Etruskern, sondern von den Chinesen – und das bereits vor über 4.000 Jahren. Bekannt war das Speiseeis aber schon zu Zeiten von Kaiser Nero, der es aus dem Schnee der Albaner Berge herstellen ließ. Nachdem die Süßspeise zeitweise in Vergessenheit geraten war, brachte der berühmteste Weltreisende des Mittelalters, Marco Polo, das Rezept aus Asien wieder nach Italien. 1660 wurde dann die Eismaschine erfunden, und zwar von einem Italiener, natürlich! Die Voraussetzung für die ganzjährige Produktion von Speiseeis war geschaffen, und heute kann man sich Italien ohne Eisdielen (italienisch *gela-*

Nirgendwo schmeckt das Eis so gut wie in Italien.

teria) wohl kaum mehr vorstellen. Eis gehört dort sozusagen zu den Grundnahrungsmitteln. Selbst in Deutschland ist italienisches Eis beliebter als jedes andere. Wie genau die Italiener ihr im Geschmack unvergleichliches *gelato* herstellen, wird wohl ein Geheimnis bleiben. Allerdings kann man sich über die angebotene Auswahl an Geschmacksrichtungen kaum beschweren. Neben den altbekannten Eissorten wie Schokolade, Vanille, Erdbeere und Nuss können sich Schleckermäuler seit einigen Jahren auch mit folgenden Sorten den Bauch vollschlagen: Karamell, Amarena-Kirsch, Pistazie, Panna cotta, Stracciatella, Zitrone, diverse Fruchtsorten von Maracuja bis Birne, Tiramisù, Cappuccino, Krokant, Malaga, Cookies, Joghurt und vielen anderen mehr.

Ob im Eisbecher mit Früchten oder gleich in der Waffel, das Angebot an Eissorten ist riesig.

Giro d'Italia

Im sportbegeisterten Italien herrscht unter Radsportfans für drei Wochen im Mai der Ausnahmezustand: Dann findet wieder der Giro d'Italia statt, neben der Tour de France das zweitwichtigste Radrennen der Welt. Der Sponsor ist seit Beginn

Auch dieses Radrennen bleibt nicht von Dopingskandalen verschont.

1909 die Gazetto dello Sport. Die *maglia rosa*, das zartrosa Trikot des Siegers, verweist auf das rosa Papier von Italiens wichtigster Sportzeitung. Radsport-Legenden Fausto Coppi und Eddy Merckx trugen die *maglia rosa* fünfmal als Sieger der Gesamt-Tour. Alle großen italienischen Radsport-Idole feierten beim Giro Erfolge: Felice Gimondi, Ivan Gotti, Marco Pantani, Mario Cipollini und zuletzt Ivan Basso. Leider waren aber auch die Italien-Rundfahrten der letzten Jahre überschattet von Dopingvorwürfen, vor allem durch die Ermittlungen zur Doping-Praxis des spanischen Arztes Eufemio Fuentes, in die etwa 50 internationale Radsportprofis verstrickt zu sein scheinen. Der

Das zweitberühmteste Radrennen der Welt

Sieger von 2006, Ivan Basso, trat 2007 die Flucht nach vorn an: Er gab öffentlich zu, mit Hilfe von Fuentes Doping „geplant" zu haben, und wurde bis Ende 2008 gesperrt.

Der Lance-Armstrong-Nachfolger Alberto Contador, Sieger von Tour und Giro 2008, konnte schon 2006 wegen vermuteter Verbindungen zu Dr. Fuentes nicht am Giro teilnehmen.

Zwar wurde er damals durch Gerichte und den Radsportverband UCI freigesprochen. Aber obwohl der spanische Profi mehrmals öffentlich erklärte, er habe mit Doping und Dr. Fuentes nichts zu tun, wird er den Vorwurf nicht los, zu Dr. Fuentes Klienten gehört zu haben. Doch solche Skandale tun der Popularität des Radsports im eigenen Land keinen Abbruch. Im Gegenteil: Der tragische Radsport-Held Marco Pantani, dessen späte Karriere von Depressionen und Ermittlungen wegen Dopings überschattet war, wird seit seinem Drogentod 2004 mehr verehrt denn je.

Giorgetto Giugiaro

Wer hat das deutscheste aller deutschen Autos entworfen? Ein Italiener! 1974 schuf Giorgetto Giugiaro den VW Golf, den familienfreundlichen, pragmatischen und robusten Mittelklassewagen schlechthin.

Der Fahrzeugdesigner für alle Klassen

Als Spross einer Familie, die bereits Freskenmaler hervorgebracht hatte, wurde Giugiaro 1938 in Garessio geboren. Er lernte das Designerhandwerk bei Giuseppe Bertone, dem Erfinder des VW Polo und des Lamborghini Countach. In den fünfziger Jahren fing Giugiaro bei Fiat an, nebenbei studierte er amerikanische Zeitschriften mit Entwürfen futuristischer Autos. Doch schnell lernte der junge Mann: Rational mussten die Entwürfe sein.

In den 1960er Jahren gründete Giugiaro „Italdesign": Er entwickelt Autos nicht nur nach ästhetischen Aspekten, sondern bezieht vor allem praktische und rationale Aspekte, wie Komfort und Straßentauglichkeit, ein. Eine Maxime des Designers: Ein Quadrat biete immer mehr Platz als ein Kreis gleichen Durchmessers. So sei es auch bei Autos. Je rundlicher sie seien, desto enger seien sie auch. Mit diesem Prinzip entwarf der Verfechter der kantigen Formen seinen Golf. Zu Giugiaros berühmtesten Entwürfen zählen neben dem VW Golf I der VW Passat, der BMW M1, der Lotus Esprit, der Fiat Panda und der Audi 80. Über 50 Millionen Autos weltweit tragen seine Handschrift.

Berühmt ist Giugiaro auch für seine extremen Sportwagen. Sein Markenzeichen ist die Keilform der Autos, zum Beispiel beim Lamborghini Gallardo.

Der Stardesigner hat das Grundbedürfnis der Käufer erkannt: Ein Auto befriedigt die Begierde nach Selbstdarstellung. Wenn der Kunde sich auch kein Haus und keinen teuren Schmuck leisten könnte, so würde er sich mit einem Auto wie ein Manager fühlen können. Nach diesem Prinzip baut Giorgetto Giugiaro Autos.

Neben praktischen Familienwagen entwirft der Designer auch futuristische Autos der Spitzenklasse.

Gondeln

Die Stadt liegt im Dunkeln. Ein verliebtes Pärchen schifft über die ruhige See. Nur eine Kerze leuchtet ihnen den Weg. Wer wünscht sich nicht eine nächtliche Gondelfahrt in Venedig, nur durch den diskreten Gondoliere begleitet?

Die Gondeln sind das Wahrzeichen Venedigs, der Stadt der Kanäle. Die schwarzen, kleinen Boote haben am Bug ein Eisenwappen, in der Bootsmitte ein Sofa und gleiten wie kleine Särge durch das seichte Wasser. Das war aber nicht immer so: In der eigentlichen Blütezeit der Gondeln im 16. Jahrhundert waren sie prächtig verziert und bunt geschmückt. Tausende Gondeln waren so üppig dekoriert und vergoldet, dass der Doge dem zur Schau gestellten Reichtum schließlich einen Riegel vorschob. Die Fahrzeuge durften fortan nur noch schwarz angestrichen werden, als einzige Verzierung blieb das Eisenwappen.

Die Gondeln sind das eigentliche Markenzeichen der Lagunenstadt.

Eine romantische Fahrt mit der Gondel durch Venedig gehört zum Besuch in der Lagunenstadt einfach dazu.

Im Mittelalter besaß fast jeder Bürger ein eigenes Gefährt. Erst in der frühen Neuzeit wurde die Gondel ein Fortbewegungsmittel für die besseren Kreise.

Eine Gondel ist heute ungefähr elf Meter lang, 1,40 Meter breit und bananenförmig gebaut. Die schweren Gefährte können nur in wenigen traditionellen Werkstätten hergestellt werden. Auf der linken Seite etwas breiter, balancieren sie das Gewicht des stehenden Gondolieres aus. So kann er sein Boot immer gerade im Wasser halten. Auch die Forcula, ein genau auf den Körperbau des Gondolieres zugeschnittenes Spezialruder, dient der Erleichterung des Fahrers. Da der Anstrich oft erneuert werden muss, wird der Unterhalt sehr teuer. Auch Lizenzen und Stellplätze sind nicht preiswert, die übrigens nur Venezianer bekommen. So ist auch der hohe Preis zu erklären, den Passagiere zahlen müssen. Wenn man für eine halbe Stunde 60 Euro bezahlt, ist das schon sehr billig.

Grappa

Vom bäuerlichen Schnaps zum edlen Tropfen

Der Grappa hat es in die Spitze der Spirituosen-Klassiker geschafft. Echt ist der Tresterschnaps aber nur, wenn er in Italien hergestellt wurde. Dort wird er in den nördlichen Regionen gebrannt, vor allem in Venetien und im Friaul. In diesen beiden Gebieten kam man auch zuerst auf den Gedanken, aus Weintrestern – das sind feste Rückstände, die nach dem Auspressen der Trauben zurückbleiben – einen Schnaps zu destillieren. Bereits nach der Lese der Trauben beginnt die Bildung von Alkohol. Durch den Prozess der Gärung gewinnt man Wein, der durch Destillation zu einem hochprozentigen Tropfen wird.

Im 15. Jahrhundert entwickelten die Bauern einen unabhängigen Handel mit dem Grappa,

Der Schnaps wird gerne als königlicher Abschluss festlicher Gerichte getrunken.

auch über die Landesgrenzen hinaus. Zwar wurde das Geschäft reglementiert, für den Eigenbedarf durften die einfachen Bauern aber weiter produzieren. So wurde der Grappa zum „Arme-Leute-Schnaps". Im Ersten Weltkrieg bekamen italienische Soldaten tägliche Rationen des Schnapses zur Stärkung.

Im Laufe der Zeit jedoch wurde der Grappa zu einer Edelspirituose. Heute gibt es zahlreiche Variationen des Klassikers. Der „Grappa Bianca del Veneto" ist eher eine milde Ausführung, der „Grappa di Chianti" ist strenger und weniger blumig im Geschmack, und der „Grappa di Prosecco" ist ein feiner und frischer Vertreter seiner Art.

Ein Grappa muss weich, kräftig und vor allem fruchtig im Geschmack sein. Na dann: Alla salute!

 Großfamilie

Als Kind in Italien aufwachsen – das muss der Himmel auf Erden sein. Denn nirgendwo werden die Kleinen so geliebt wie in Italien. Hier dürfen die Bambini bis spätabends am Tisch der Großen sitzen, und für die Scherze und Streiche von Kindern haben die Erwachsenen immer ein Augenzwinkern parat. Die Kleinen dominieren das Straßen- und Familienleben – jeder weiß, dass die Italiener Kinder lieben. In einer Großfamilie aufzuwachsen, das scheint hier gang und gäbe zu sein. Denn das Italienklischee will: Vom Enkel bis zur Oma leben alle einträchtig zusammen. In der Bilderbuchfamilie bestimmt natürlich die ewig kochende *mamma* und verhätschelt die heißblütigen Muttersöhnchen. Tatsächlich spielen die Mütter in Italien, dem Land des eitlen Machismo, eine dominante Rolle, die viele Italienkenner sogar dazu bringt, von einem eigentlichen Matriarchat zu sprechen. Die erwachsenen Männer leben oft noch zu Hause

Insgeheim regiert in Italien das Matriarchat.

Möglicherweise stirbt die klassische Großfamilie auch in Italien bald aus.

bei der *mamma*. Und ist dem nicht so, dann kommen sie zumindest einmal am Tag vorbei, um sich bekochen zu lassen. Soweit die populäre Vorstellung.

Die beliebte, aber altmodische Vorstellung der perfekt harmonierenden italienischen Großfamilie existiert so nicht mehr. Denn das Land der Kinder hat ebenso wie andere westliche Industrieländer eine stark sinkende Geburtenrate. Zwei Kinder pro Ehepaar ist heute eher der Durchschnitt, in den nördlicheren Regionen häufig sogar noch weniger. Viele Geschwister zu haben ist heute selbst in Italien ein Privileg. Zwar liebt die mamma noch immer ihre Bambini, die Kluft zwischen Beruf und Familie ist für sie aber nur schwer zu überbrücken. So könnte es sein, dass die italienische Großfamilie bald nur noch in der Pizzawerbung existiert. Und auch die besondere Rolle der Mütter wird dann wohl der Vergangenheit angehören.

 Italo-Pop

Eingängige Melodien, viel Herzschmerz und seufzende Sänger: Das verbindet man mit italienischen Liebesliedern. In Deutschland war Italo-Pop lange sehr beliebt. Er erinnerte an den letzten Urlaub, an Sommer und Strand, an die große Ferienliebe. Das war spätestens seit den Wirtschaftswunder-Zeiten so. Damals wurden die Deutschen erstmals vom kollektiven Fernweh gepackt, und das beliebteste Urlaubsziel in der Anfangszeit des Massentourismus waren die Strände Italiens. Gleichzeitig brachten die italienischen Gastarbeiter der sechziger und siebziger Jahre südländisches Flair nach Deutschland, und sie hatten meist auch die neusten Italo-Hits mit im Gepäck.

Der Lockruf der Ferne

Und so schallt es aus der Pizzeria: Gianna Nannini und Eros Ramazotti waren die Stars des Italo-Pop.

Zum zweiten Mal schwappte der Italo-Pop in den 80er Jahren nach Deutschland. Aus den Pizzerias klangen Hits wie „Mamma Leone", „Ti amo" oder „Santa Maria" auf die Straßen, während die deutsche Jugend zur Italo-Disco tanzte: „Hypnotic Tango", „Self Control" und „I like Chopin" waren die größten aus Italien importierten Hits. Auch die Schlagerstars des Festivals in San Remo dominierten die Hitparaden: Al Bano und Romina Power, Ricchi e Poveri und Alice fanden in Deutschland einen dankbaren Absatzmarkt, während Gianna Nannini in Rock-Gefilden wilderte. Danach ebbte die Welle deutlich ab, ganz verschwand die Popmusik made in Italy aber nie aus den deutschen Charts und Musikprogrammen. Dafür sorgten Eros Ramazotti und Zucchero, die eine irgendwie geartete Melange aus Rock-Pop-Schmalz erfolgreich in die Neunziger trugen. Allerdings, den Lockruf der Ferne transportiert diese Musik schon lange nicht mehr. Die deutschen Urlauber sind längst zu exotischeren Zielen aufgebrochen; da wirkt ein italienisches Lied geradezu heimisch.

Italowestern

Western all'italiana geht um die Welt.

Der Western, dieses uramerikanische Filmgenre, galt zu Beginn der sechziger Jahre als mausetot. Die meist zutiefst konservativen Geschichten von Amerikas Expansion nach Westen, von väterlichen Heroen à la John Wayne entsprachen längst nicht mehr dem kritischen Zeitgeist. Doch das interessierte einen kleinen, korpulenten Italiener namens Sergio Leone einen Kehricht. Einst aufgewachsen mit den Geschichten vom Wilden Westen, war Sergio Leone fest entschlossen, seinen eigenen Western zu drehen. Das passte den Geldgebern in Cinecittà gut in den Plan, denn nach dem Abebben der Welle von Historienfilmen suchte man nach einer neuen Formel für die Serienproduktion von populären und billigen Filmen. So heuerte Leone einen unbekannten US-amerikanischen Seriendarsteller namens Clint Eastwood an, damit sein italienischer Western auch fürs amerikanische Publikum verdaulich würde. Um den deutschen Markt zu bedienen, wurde Ma-

Charles Bronson wurde berühmt durch seine Hauptrolle in Sergio Leones Epos „Spiel mir das Lied vom Tod".

rianne Koch mit einer stummen Rolle bedacht. „Per un pugno di dollari" („Für eine Handvoll Dollar") erschien 1964, uraufgeführt in einem schäbigen Vorstadtkino von Florenz. Leone hatte auf einen bescheidenen Achtungserfolg gehofft, doch „Für eine Handvoll Dollar" sollte Filmgeschichte schreiben. Der Streifen war nicht nur ein Riesenerfolg, er etablierte nicht nur Clint Eastwood als Star, sondern Leones Debüt schuf gewissermaßen ein eigenes Filmgenre, das für die nächsten zehn Jahre zum profitabelsten des europäischen Kinos aufstieg: den Italo-Western. Es folgten zahlreiche Klassiker: „Django", „Spiel mir das Lied vom Tod", „Zwei glorreiche Halunken". Und die Amerikaner? Auf der anderen Seite des Atlantiks war man zunächst unschlüssig, ob man die europäischen Western, die stilistisch oft dem Comic-Strip und der Oper näherstanden als John Ford, als Sakrileg betrachten sollte. Doch der Spaghetti-Western trat schließlich auch seinen Siegeszug im Mutterland des Western an.

 Kaffeekultur

Schwarz wie der Teufel, heiß wie die Hölle, rein wie ein Engel, süß wie die Liebe – so sollte ein Kaffee sein. Besonders gut können die Italiener das Heißgetränk zubereiten.

In Italien hat sich eine ganz besondere Kaffee-Kultur entwickelt. Dort bekommt der Tourist,

Die italienische Kaffeekultur kennt zahlreiche Variationen.

wenn er einen *caffè* bestellt, zu seiner Verwunderung meist einen Espresso statt eines Kaffees serviert.. Den Espresso gibt es zu jeder Tageszeit in unzähligen Variationen. Da wäre zunächst der normale Espresso, *caffè*. In extrem konzentrierter Form bekommt man ihn als *caffè ristretto*; die „verlängerte" Version bekommt, wer *caffè lungo* bestellt. Daneben findet man auf den Karten den *caffè americano*, der mit der doppelten Menge heißen Wassers gemischt wird, den gesüßten, eisgekühlten und mit Wasser verlängerten *caffè freddo* und schließlich die gefrorene Variante *granita di caffè*, bei der das vollständige Gefrieren durch Umrühren verhindert wird. Und das

Die klassische Espressomaschine nennt sich Moka und stammt aus den dreißiger Jahren.

waren nur die Espresso-Varianten ohne Milch. Mit Milch haben die Italiener folgende Variationen zu bieten: *caffè latte* (doppelter Espresso mit heißer Milch), *caffè macchiato caldo* (Espresso mit einer Haube aus aufgeschäumter Milch), *caffè macchiato freddo* (Espresso mit kalter Milch), *cappuccino* (besteht aus einer Schicht Espresso und Milch mit einer Haube aus Milchschaum), *latte macchiato* (besteht aus einer Schicht heißer Milch, einer Haube aus Milchschaum und einem Espresso, der durch den Milchschaum gegossen wird und sich aufgrund der unterschiedlichen Dichte nicht mit der Milch verbindet). Schließlich gibt es auch noch Espresso mit verschiedenen anderen Zutaten, wie z. B. den *espresso corretto*, der vorzugsweise mit einem Schuss Grappa zubereitet wird usw..

Ein Espresso wird immer nur pro Tasse mit frisch gemahlenen Bohnen gekocht. Die Italiener trinken ihn meist im Stehen – ein kurzer Genuss im Vorübergehen also.

# Kolosseum

Roms Geschichte ist reich an blutigen Anekdoten. Dazu gehört sicherlich auch der verheerende Stadtbrand im Jahre 64 n. Chr. Der Erzählung nach soll Kaiser Nero den Brand selbst befohlen haben. Er gab die Schuld den Christen, wodurch es zu einer groß angelegten Verfolgung der damals noch jungen Glaubensgemeinschaft kam. Durch die Feuersbrunst wurden große Gelände im Stadtzentrum zu Brachland, das neu gestaltet werden konnte. Am Südhang des Oppius-Hügels errichtete Nero die Domus Aurea, eine prunkvolle Palastanlage mit riesigen Gärten und eigenem Zoo. Kaiser Vespasian beschloss nur wenige Jahre nach dem Sturz Neros, das Gelände den römischen Bürgern zurückzugeben. Hier, bei den ehemaligen Gärten Neros, entstand das gewaltigste und pompöseste Amphitheater der antiken Welt – das Kolosseum.

Brot und Spiele – das Kolosseum befriedigte mit Gladiatorenkämpfen, grausamen Tierhatzen und waghalsigen Wagenrennen die Gelüste der Zuschauer.

Für den Bau des Amphitheaters musste der riesige künstliche See Neros trockengelegt werden. Seitdem ragt an dieser Stelle das gewaltige Kolosseum in die Höhe.

Lange Zeit hatte es in Rom kein gemauertes Rundtheater gegeben. Die Städte in den Provinzen waren der Hauptstadt zumindest in dieser Hinsicht weit voraus. Vespasian beschloss daher, seiner Regentschaft ein immerwährendes Denkmal zu setzen. Um 72 n. Chr. begannen die Arbeiten am kolossalen Bau. Finanziert wurde er mit der Beute aus dem Jüdischen Krieg, bei dem die Römer auch den geraubten Goldschatz aus dem Jerusalemer Tempel versetzten. Trotzdem ging dem Kaiser das Geld aus. So belegte er die öffentlichen Latrinen mit einer Steuer. Vermutlich stammt aus dieser Zeit der Ausspruch „Geld stinkt nicht".

Schon zehn Jahre später, aber erst nach dem Tode Vespasians, wurde der Bau fertiggestellt. Zur Eröffnung des Kolosseums gab es hunderttägige Spiele. Die gigantischen Feierlichkeiten bestanden aus Gladiatorenkämpfen, Wagenrennen, Gemetzel mit wilden Tieren und, als Höhepunkt, der Nachstellung einer Seeschlacht.

In den Bildern der
Renaissance und des
Barock bilden die Ruinen
der Antike oft eine
stimmungsvolle Kulisse.

Die Konstruktion aus Stein und Beton ist schon vom technischen Standpunkt aus gesehen ein Meisterwerk. Das ca. 50 Meter hohe und 188 Meter lange Bauwerk fasste mehr als 50.000 Zuschauer. Der Eintritt war kostenlos — schließlich wurde im Amphitheater Politik gemacht, und die Kaiser demonstrierten ihre Nähe zum Volk.

Unterhalb der Arena waren die Gladiatorenschulen, die Tierkäfige und die Vorratskammern untergebracht. Um die jeweiligen „Akteure" so gut wie möglich in Szene zu setzen, gab es Aufzüge, Falltüren und Hebebühnen. Große Hebel erlaubten es, Bühnenbilder in Sekundenschnelle in die Arena zu befördern. Das Amphitheater ließ sich auch mit Wasser befüllen, so dass riesige Seeschlachten wie die von Actium nachgestellt werden konnten.

Verurteilte und Kriminelle wurden zur Belustigung der Zuschauer in das Theater gejagt und dort von Löwen, Stieren, Krokodilen oder Bären zerfleischt. Der Pöbel wollte mehr, also

kämpften Gladiatoren mit verbundenen Augen und schlachteten sich gegenseitig ab. Oft entschied die Gunst der Zuschauer über Leben oder Sterben des Kämpfers. Vierhundert Jahre nutzten die Römer das Kolosseum, und vermutlich 300.000 bis 500.000 Menschen ließen ihr Leben, um die Blutgier der Zuschauer zu befriedigen.

Mit dem Untergang des Römischen Reichs wurde letztendlich auch das Kolosseum zu einer Ruine. Die Römer richteten darin Wohnungen ein. Schließlich wurde das Amphitheater zum mittelalterlichen Steinbruch, der Palazzo Farnese wurde zum Beispiel mit dem Baumaterial errichtet. Zuletzt wurde die Arena für das Volk freigegeben, das sich nach Herzenslust an dem Baumaterial der einst so bedeutenden Spielstätte bediente.

Dennoch bietet das Kolosseum bis heute einen imposanten Anblick. Es gilt als eines der Wahrzeichen Roms und wird alljährlich von Millionen Touristen bestaunt.

Kultfilme

Das italienische Filmwunder produzierte Klassiker am Fließband.

Kaum ein europäisches Kino hat uns so zahlreiche unsterbliche Kultfilme beschert wie das italienische. Unvergessen ist etwa Anita Ekbergs spontanes Bad im Trevi-Brunnen in Federico Fellinis Abgesang auf das süße Nichtstun in „La Dolce Vita" (1960). Beinahe könnte man Fellinis Lebenswerk als Kultfilm bezeichnen, denn es besteht größtenteils aus Klassikern. Meist spielte Marcello Mastroianni das Alter Ego Fellinis, so etwa in „8¹/₂" (1963), „Fellinis Roma" (1972) und „Stadt der Frauen" (1980). Fellinis Filme sind geprägt von einer unwiderstehlichen Mischung aus Skurrilität und Humor.

Zu den italienischen Meisterregisseuren gehört auch Michelangelo Antonioni, dessen Filme für ihre Melancholie berühmt sind. So müssen in „La Notte" (1961) Jeanne Moreau und Mastroianni mit dem Scheitern ihrer Ehe fertig werden und erkennen, wie sinnentleert ihr Leben ist. Starker Tobak war das für damalige Verhältnisse, und so erregte Antonionis Film denn auch einen Skandal, der dem kommerziellen Erfolg des Streifens durchaus zuträglich war.

Für einen Skandal sorgte auch Giuseppe De Santis' Drama „Bitterer Reis" (1949), ein typischer Vertreter des italienischen Neorealismus. Dort durfte das Publikum einen Blick auf die nackten Oberschenkel von Silvana Mangano werfen, wenn es nicht gerade durch ihre ebenso effektiv ausgestellte Oberweite abgelenkt war. Und all das im Dienste der Sozialkritik! „Bitterer Reis" wurde natürlich ein riesiger Erfolg und seine Hauptdarstellerin zum Star. Denn eines muss man dem italienischen Publikum zugutehalten – es war meist großmütiger als etwa das deutsche. Während beispielsweise Hildegard Knef nach ihrem nur eine Mikrosekunde währenden Oben-ohne-Auftritt in „Die Sünderin" für eine Karriere als Filmstar in Deutschland indiskutabel schien, liebten die Italiener ihre Stars, Skandal hin oder her.

Marcello Mastroianni avancierte in zahlreichen Filmen zum Alter Ego des Regisseurs Fellini.

 # Leben in den 50ern

Aus den Trümmern in die Wohlstandsgesellschaft – die Jahre des Wirtschaftswunders bescherten den Deutschen nicht nur Optimismus, Vollbeschäftigung und meist neue Eigenheime, sondern auch einen gänzlich neuen Volkssport: Man fuhr in Urlaub. Wo für ältere Generationen noch die Reise ins Sauerland oder in den Harz hatte genügen müssen, um den privaten Entdeckergeist zu befriedigen, boten sich nun ganz neue Perspektiven außerhalb der Landesgrenzen. Die erste Generation der deutschen Urlauber zog es mehrheitlich in den Süden, bevorzugt nach Italien. Capri, Rimini und der Gardasee – Namen, die deutsche Herzen höherschlagen ließen.

Eine Reise in den Süden ist für viele schick und fein.

Möglich wurde der Privaturlaub als Massenphänomen auch dadurch, dass das eigene Automobil zum neuen Statussymbol aufgestiegen war. So setzte sich ab Mitte der fünfziger Jahre jeden Sommer die berühmte Reisewelle in Bewegung. Zunächst noch ein Privileg der besser verdienenden Schichten, wurde der Auslandsurlaub allmählich auch für den Durchschnittsdeutschen bezahlbar. Mit dem Karmann Ghia an die Riviera, sonnenbaden und planschen und das *dolce vita* genießen – in den fünfziger und sechziger Jahren der Wunschtraum der meisten Deutschen. Italien, das bedeutete seit jeher Leichtigkeit und Sinnesfreuden.

Raus aus dem grauen, engstirnigen Nachkriegstrümmerland, wo Sparsamkeit statt Genuss, Kleingeist statt Jovialität regierte. Und wenn die braungebrannten, rundum erholten Deutschen dann nach Hause kamen, brachten sie meist ein bisschen von dem mit, was sie im Süden erlebt und genossen hatten. Und so wurde die junge Bundesrepublik von Jahr zu Jahr sonniger und lockerer. Bis sich die Toskana-Fraktion hierzulande endgültig durchsetzen sollte, gingen allerdings noch einige Jahrzehnte ins Land.

Die erste deutsche Reisewelle kannte vor allem ein Ziel: Italiens Mittelmeerküsten. Dort konnte man Trümmer und Biederkeit vergessen.

Lolloloren

Die rivalisierenden Göttinnen von Cinecittà: Italiens Filmköniginnen

Wenn es eine Person gibt, die den Glanz und Ruhm des italienischen Films verkörpert, dann streiten sich gleich zwei um den Titel: Gina Lollobrigida und Sophia Loren. Die beiden Schönheitsköniginnen lebten über Jahrzehnte hinweg den perfekten Traum. Von den ärmlichen Hinterhöfen eines wirtschaftlich arg gebeutelten Italiens nach Hollywood auf den Olymp der Reichen und Schönen – das war Aschenputtel auf Italienisch. Der Prinz in diesem halb realen Märchen hieß in beiden Fällen

Sophia Loren (links) und Gina Lollobrigida (rechts) schafften sogar den Sprung nach Hollywood.

Carlo Ponti, Filmproduzent und späterer Ehemann von Sofia Loren. Ponti ebnete den Starlets den schnellen Weg zum Zenith. Bereits in den 50er Jahren wurden sie weltberühmt, und die vermeintliche Rivalität der beiden „Kurvenstars" füllte lange die Klatschspalten der europäischen Boulevardpresse.

„Lollo" Lollobrigida brachte sogar den amerikanischen Tycoon Howard Hughes dazu, jahrelang um sie zu werben. Aber sie wollte sich in den USA nicht niederlassen und kehrte stattdessen nach einer Reihe erfolgreicher Hollywood-Filme ins geliebte Italien zurück – was ihre Beliebtheit zu Hause weiter wachsen ließ. Sophia Loren verdrehte währenddessen ihrem amerikanischen Co-Star Cary Grant den Kopf, der der Legende nach sogar bereit war, für sie seine Frau zu verlassen. Doch auch die Loren erwies sich als treue Seele und hielt zu ihrem „Schöpfer" Carlo Ponti. Dass Loren und Ponti französische Staatsbürger

werden mussten, um legal heiraten zu können (Ponti war geschieden, was von der katholischen Kirche und damit auch vom italienischen Staat damals nicht anerkannt wurde), tat ihrer Popularität in der Heimat keinen Abbruch. Berühmt wurde Lorens Antwort auf die Frage nach ihren legendären Kurven: „Alles, was Sie sehen, verdanke ich Spaghetti."

Zu den erfolgreichsten Filmen der Lollobrigida gehörten „Der Glöckner von Notre Dame" und „Trapez" (beide 1956), während Sophia Loren mit „Hausboot" (1958), „Arabeske" (1966) und Chaplins „Die Gräfin von Hongkong" (1966) die Kinos füllte. Gina „Nazionale" und La Loren schafften es, gleichzeitig

Gina Lollobrigida (links) und Sophia Loren (rechts) verkörperten das italienische Filmwunder.

bodenständige Bescheidenheit und den perfekten Glamour zu verkörpern. Femme Fatale und fürsorgliche Mutterfigur zugleich, bedienten sie das Bedürfnis nach einer Frau, die wie eine Göttin aussah und dennoch gut kochen konnte. Sie hatten die Körper von Verführerinnen und die Seelen treusorgender Ehefrauen. Das war nicht nur nach dem Geschmack der Italiener, ganz Europa war hingerissen.

Auch wenn sie sich, mittlerweile hochbetagt, längst vom Filmgeschäft zurückgezogen haben, verehrt man sie noch immer. Schließlich verkörpern sie die goldene Ära des europäischen Films, als Cinecittà das Hollywood Europas war.

 Madonnenkult

**Madonnen und Soutanen:
Italien und der Katholizismus**

In Italien begegnen
einem Madonnenfiguren
auf Schritt und Tritt.

An unserem Bild eines Italiens im Bann der katholischen Kirche haben die Erzählungen von Giovannino Guareschi um den Pfarrer Don Camillo und den kommunistischen Bürgermeister Peppone einen gehörigen Anteil. In den Episoden treffen nicht nur zwei Persönlichkeiten aufeinander, sondern stößt tiefverwurzelter Katholizismus auf beinharten Kommunismus – doch sind die beiden, so die Botschaft Guareschis, letztlich gar nicht so verschieden. Der Marienkult existiert in Italien und in der katholischen Welt nicht erst, seitdem im Jahr 1854 Papst Pius IX. per dogmatischer Bulle festlegte, dass die Jungfrau Maria durch die „unbefleckte Empfängnis" frei von der Erbsünde geboren sei. Seit Jahrhunderten finden fast überall in Italien vor allem im Mai und zu Marienfesten Prozessionen zu Ehren der Jungfrau Maria statt; und allerorten zeugen kleine Schreine am Wegesrand von der Verehrung, die Maria im Volk genießt. Im Adria-Küs-

tenort Loreto erhebt sich gar eine in der Renaissance prachtvoll ausgebaute Kirche, das „Heilige Haus" (*Santa Casa di Loreto*). In vergangenen Jahrhunderten waren viele frei denkende Nordeuropäer entsetzt. In ihren Reiseberichten beschreiben sie Italien als Hort katholischen Aberglaubens und päpstlicher Tyrannei. Auch Goethe sprach angewidert vom „Babel Rom". Allerdings gebot zu seinen Zeiten der Papst auch noch als weltlicher Potentat über große Teile Italiens: Der Kirchenstaat erstreckte sich von Rom aus weit über Mittelitalien. In diesen Teilen des Landes hatte die Inquisition ihre Spitzel überall; Wissenschaft und Presse waren enge Grenzen gesetzt. Nach der Gründung des italienischen Nationalstaates wurde die Macht des Kirchenstaats immer geringer; seit der Besetzung Roms 1870 ist er als Vatikanstaat nicht einmal mehr einen Quadratkilometer groß. Aber auch wenn der Papst keine weltliche Macht mehr hat – knapp 88 % aller Italiener sind nach wie vor katholisch.

 # Mafia

Wer kennt sie nicht, die Mafia-Filme um den „Paten" Don Vito Corleone? Die Geschichte des sizilianischen Einwanderers, der im New York der Vorkriegszeit zum Oberhaupt einer straff organisierten kriminellen Familie aufsteigt. Sagt man „Mafia", ist meist das organisierte Verbrechen in Süditalien, den USA und anderswo gemeint. Ursprünglich aber bezeichnet der Begriff „Mafia" nur die kriminellen Clans auf Sizilien (in den USA heißen sie „Cosa Nostra"). Weitere, ähnlich strukturierte Organisationen gibt es in Neapel, die „Camorra", und in Kalabrien, dort „'Ndrangheta" genannt. Sizilianische Familienclans hatten sich, als die Insel um 1800 unter spanischer Herrschaft im Chaos versank, ihre eigenen Gesetze gegeben. Das wichtigste davon war und ist bis heute die *omertà*: Alle Angelegenheiten werden in der Familie geregelt, jegliche Zusammenarbeit mit der staatlichen Obrigkeit ist Verrat, bei Verstoß

Das Gesetz des Schweigens: die Mafia – mehr als ein italienisches Problem

Marlon Brandos Darstellung eines Mafia-Oberhauptes in „Der Pate" ging in die Geschichte ein.

droht der Tod. Nachdem die Faschisten die Mafia in den dreißiger Jahren rücksichtslos, aber erfolgreich bekämpft hatten, stieg der Stern des organisierten Verbrechens in der Nachkriegszeit aber wieder steil an. Seit den siebziger Jahren regieren in Sizilien die „Corleonesi", ein Clan, an dessen Spitze der „Boss der Bosse" Toto Riina stand. Er soll direkte Verbindungen bis hinauf zu Italiens Premierminister Andreotti gehabt und auch den Mailänder Unternehmer Silvio Berlusconi beim Beginn seiner politischen Karriere unterstützt haben. 1993 konnte Riina als Folge der erfolgreichen Ermittlungen und Massenprozesse gegen geständige Mafiosi schließlich festgenommen werden. Bei Bombenanschlägen, verübt von der Mafia als Vergeltung nach Riinas Verhaftung, starben in Rom, Florenz und Neapel zehn Menschen, 93 wurden verletzt.

Keine westeuropäische Gesellschaft ist so unheilbar von der Krankheit des organisierten Verbrechens befallen wie die italienische.

Mailänder Dom

Majestätisch erhebt sich der Mailänder Dom über die Gebäude der norditalienischen Metropole. Der „Duomo di Santa Maria Nascente", 1500 geweiht,

Das Wahrzeichen der Stadt war einst das größte Gotteshaus des Nordens.

ist eines der größten Gotteshäuser der Welt und hatte schon zu Beginn seiner Bauzeit den Anspruch, alle anderen Kirchen des Nordens zu überragen.

Der Bau des Doms war, wie im Mittelalter üblich, ein generationsübergreifendes Projekt. 1386 erteilte Herzog Gian Gelazzo Visconti den Bauauftrag. Architekten aus Deutschland und Italien sind für den neugotischen Stil verantwortlich, der an französische Kathedralen erinnert. Die farbig gestalteten Fenster im Inneren zählen zu den größten der Welt. Im 16. Jahrhundert wurden die Fassadenarbeiten aufgenommen, aber erst Anfang des 19. Jahrhunderts beendete man sie auf Druck Napoleons. Die markanten Türmchen wurden erst zum Ende des 18. Jahrhunderts fertiggestellt.

In der Fassade des Doms vermischen sich Elemente der Gotik und des Barock.

Über dreitausend Statuen verschönern die Fassade des Doms. Die bedeutendste ist wohl die Madonnina, die am höchsten Punkt golden glänzt. Ihr ist auch das bekannte Lied „Oh mia bela Madunina" gewidmet, so heißt es: „O meine schöne Madonnina, die du von weitem strahlst, ganz aus Gold und sehr klein, du, die du Mailand beherrschst." Das Dach des Doms besteht aus Marmor vom Lago Maggiore und ist begehbar. Von dort hat man einen wundervollen Ausblick über Mailand und kann bei gutem Wetter sogar die Alpen sehen.

Über fünf Jahrhunderte lang dauerte der Bau, weshalb das Gotteshaus viele verschiedene Architekten, Bauherren, Bildhauer und Arbeiter sah. Ihnen ist es auch zu verdanken, dass der Dom die verschiedenen Stile der jeweiligen Epochen widerspiegelt – ein gotisches Bauwerk mit Elementen der Spätrenaissance und des Barock. Der Mailänder Dom ist ein Bau der Superlative, eine der bekanntesten Kirchen Italiens.

Mailänder Scala

Das berühmteste Opernhaus Italiens wurde in den 1770er Jahren gebaut und diente ursprünglich als Ersatz für das „Teatro Regio Ducale", das bei einem Brand zerstört worden war. Dort hatten schon Mozart und Gluck ihre frühen Opern uraufgeführt. Der Architekt Giuseppe Piermarini plante das neue Gebäude als größtes und schönstes Theater Italiens und gestaltete die Fassade und den Innenraum im neoklassizistischen Stil. Der prunkvolle Saal bietet Platz für über zweitausend Besucher. Der mittlere Königsbalkon, der „Palco Reale", gehörte der Herrscherfamilie Mailands. Eingeweiht wurde die Mailänder Scala mit Antonio Salieris „Europa riconosciuta", das eigens für diesen Anlass komponiert worden war.

Das Heiligtum der italienischen Opernwelt

Schon innerhalb der ersten 150 Jahre des Bestehens fanden mehr als 350 Uraufführungen statt, darunter Verdis „Nabucco", „La Wally" von Catalani oder auch Puccinis „Madame Butterfly".

In diesem Saal werden Karrieren gemacht und manchmal auch zerstört.

Im Zweiten Weltkrieg wurde das Opernhaus durch Bombardements vollkommen zerstört. Im Rekordtempo wurde es wieder aufgebaut, darunter litt allerdings die Qualität. Schimmel breitete sich schnell an den Wänden aus, die Bühnentechnik war nach kurzer Zeit veraltet, der Brandschutz war so gut wie nicht gewährleistet, und die Akustik litt beträchtlich, weil beispielsweise Bauschutt unter dem Orchestergraben abgeladen worden war. Eine Grundsanierung war dringend erforderlich, und so kam es, dass die Scala von 2002 bis 2004 geschlossen wurde.

Der Saal wurde originalgetreu restauriert, der Fußboden erhielt ein Spezialparkett, und die Stühle wurden stilecht mit rotem Samt bezogen. Der Bühnenbereich aber musste komplett abgerissen werden und einer Neukonstruktion weichen.

Zur Wiedereröffnung führte man, anknüpfend an alte Traditionen, Salieris „Europa riconosciuta" auf.

Mode

Mode und Mailand. Diese beiden Begriffe gehören unweigerlich zusammen. Armani, Valentino, Versace, Gucci – die Liste der großen italienischen Modeschöpfer lässt sich problemlos fortsetzen. Italiens moderne Begeisterung für Mode begann 1951, als Giorgini eine Modenschau arrangierte, die Kleidung für die Noblesse vorführte.

Mailand ist neben Paris die Hauptstadt der Mode.

Vier Designer trugen maßgeblich zum heutigen Siegeszug der italienischen Mode bei: Versace, Armani und Dolce & Gabbana.

Gianni Versace begann seine Karriere 1978. Er setzte auf effektvolle Farben und kombinierte sie mit Stilen und Motiven verschiedener Kunstepochen. Deshalb wurde er als Meister des „Neo-Barock" bekannt. Versace war außerdem der Erste, der die Jeans auf dem Laufsteg etablierte.

1978 gründete Giorgio Armani sein eigenes Modeunternehmen. Er gilt als großer Klassiker der Branche, der milde und neutrale Farben

Giorgio Armani gehört zu den Giganten der italienischen Modeindustrie.

bevorzugte. Für Männer schuf er Kleidung, die ihre Kraft betonen sollte. Bei Frauen setzte er auf die Hervorhebung des Selbstbewusstseins und kreierte unter anderem Hosenanzüge. Wichtig war Armani die Tragbarkeit seiner Entwürfe. In den achtziger Jahren entdeckte er die Welt der Accessoires für sich: von Schmuck über Brillen bis zu Hüten und Parfums. Mittlerweile hat er sich auch dem Wohneinrichtungsmarkt zugewandt – ein Meister aller Klassen.

Domenico Dolce und Stefano Gabbana lernten sich 1980 in Mailand kennen. Ihr Modeunternehmen, benannt nach beiden Designern, gilt als eines der Aushängeschilder für luxuriöse Mode. Mittlerweile gelten ihre Initialen „D&G" weltweit als Synonym für zeitgenössische, manchmal gewagte und unkonventionelle Mode.

Diese und zahlreiche andere Designer machten die Mode Italiens berühmt und ließen Mailand zu einer der bedeutendsten Modemetropolen werden.

# Mozzarella

Mozzarella ist nicht gleich Mozzarella! Feinschmecker bestehen darauf, dass nur der Mozzarella di Bufala den unverwechselbaren Geschmack des Frischkäses besitzt. Der echte italienische Mozzarella wird aus Büffelmilch gewonnen.

Nur echt aus Büffelmilch

Die Büffelzucht war in der Vergangenheit in weiten Teilen Italiens verbreitet. Die Kultivierung des Bodens führte aber dazu, dass nur noch ein kleines Gebiet rund um Neapel den sumpfigen Boden bietet, der für die Büffelzucht unverzichtbar ist. Zur Herstellung des Filata-Käses schneidet der Käser von geronnener Büffelmilch, die zuvor mit heißem Wasser überbrüht wurde, einen Teil ab und verarbeitet die Masse unter Rühren, Kneten und Ziehen zu einem weichen Teig. So entsteht die charakteristische Kugelform des Mozzarellas. Der Käse wird für wenige Minuten in kaltes Wasser gegeben, danach badet er in einer Salzlake. Mit Pergamentpapier verpackt wird er in seiner eigenen Molke belassen.

Schon im 12. Jahrhundert stellten Mönche im Kloster von Capua Mozzarella für die Reisenden bereit. Das Wort „Mozzarella" selbst wurde aber erst im 16. Jahrhundert in einem Kochbuch des päpstlichen Küchenchefs schriftlich fixiert.

Die italienische Küche benutzt den schneeweißen Käse frisch oder zum Überbacken von Nudeln und Gemüse. Die Pizzaioli in Neapel streiten sich noch heute darum, ob eine Pizza nur mit Mozzarellabelag echt ist. Die traditionelle neapolitanische Pizza wurde jedenfalls so hergestellt. Mozzarella di Bufala schmeckt auch mit Aceto Balsamico, Basilikum und frischen Tomaten wunderbar.

Hierzulande kennt man eher die Variante aus Kuhmilch, die milder im Geschmack ist.

Murano-Glas

Wahre Künstler in der Fertigung von Glasprodukten sind die Glasbläser Venedigs. Das von dort stammende Murano-Glas ist weltberühmt für seine Qualität.

Eigentlich ist Glas ein Naturprodukt. Kühlt die Gluthitze von Vulkanen schnell ab, so entsteht Obsidian, das schwarze vulkanische Glas. Die künstliche Herstellung gelang wahrscheinlich zuerst den alten Ägyptern. Sie stellten nicht nur Glasschmuck, sondern auch -gefäße her. Die Phönizier erfanden um 50 vor Christus die Kunst des Glasblasens. Nun konnte man Gefäße in unterschiedlichen Formen und Farben, übrigens zum ersten Mal auch in durchsichtiger Form, in großen Mengen anfertigen. Glas wurde schnell im Römischen Reich sehr beliebt. Das Wissen um das Material ging aber mit dem Untergang des Imperiums zunächst verloren, zumindest in Europa. Erst Jahrhunderte später sollten venezianische Handwerker die Glasbläserkunst in Mitteleu-

Einst war es das bestgehütete Geheimnis der Lagunenstadt.

Das auf der Insel Murano hergestellte Glas ist ein begehrter Exportartikel.

ropa erneut beleben. Die „Serenissima" trieb regen Handel mit den orientalischen und fernöstlichen Ländern, wo sich das Wissen um die Glasherstellung erhalten hatte. Der Benediktinermönch Fiolario belegte in einem Dokument aus dem 11. Jahrhundert bereits die Glasproduktion in Venedig.

Nach kurzer Zeit, um 1100, war aus dem Handwerk ein Industriezweig geworden. Die in der ganzen Stadt verteilten Glashütten mussten allerdings schon 1291 wieder schließen: Auf Anordnung Venedigs mussten die Glashütten auf die Insel Murano ziehen. Offiziell wurde dieser Schritt mit der hohen Brandgefahr durch die heißen Öfen begründet, in Wahrheit wollte man sich so wohl auch vor Spionage schützen, denn das Geheimnis des Glasblasens war heiß begehrt und wurde deshalb auch eifersüchtig beschützt.

Die Rechnung der Venezianer ging auf, denn das Produkt wurde zu einem begehrten Luxusartikel. Seinen Höhepunkt erlebte die Glasproduktion im 16. Jahrhundert, als tausende Glasbläserhütten auf Murano entstanden. Erst nach etwa 600 Jahren wurde das Monopol des Murano-Glases gebrochen, denn auch die Böhmen entdeckten das gut gehütete Geheimnis.

Mit dem einsetzenden Tourismus des 19. Jahrhunderts erlebte das Murano-Glas eine Wiedergeburt. Die Besucher der Lagunenstadt nehmen sich gern zum Andenken Objekte aus Glas mit. Dies führt allerdings auch zu einer fortschreitenden Verkitschung. Grelle Farben, niedliche Tierchen und überladene Muster werden gern von Touristen gekauft. Dabei gibt es auch das Murano-Glas mit Stil: Kunstvolle Vasen, Gläser, Lampen und Schalen werden von namhaften Designern entworfen und finden ihre Wege auch in Kunstmuseen. Murano-Glas zeichnete sich damals wie heute aus durch seine hohe Qualität, seinen phantasievollen Formen- und Farbenreichtum und durch die Reinheit seiner Struktur.

Name der Rose

Romandebüt und Welterfolg

Der Wind heult durch eine zerklüftete, winterlich-kahle Berglandschaft im Norden Italiens. Zwei Gestalten in grauen Kutten sind in der Kälte zu einem wehrhaften Kloster unterwegs, das in der Ferne aufragt. So beginnt der Film „Der Name der Rose" nach dem Roman von Umberto Eco. Man schreibt das Jahr 1327. Franziskanerpater William von Baskerville und sein junger Adlatus Adson reisen zu einer Benediktinerabtei, deren Name unerwähnt bleibt. Dort sind mysteriöse Dinge geschehen, Menschen sind unter grausamen Umständen gestorben, und der Abt möchte nun, dass der für seinen Scharfsinn berühmte William die Fälle untersucht. Jean-Jacques Annauds aufwendige Produktion mit Sean Connery in der Hauptrolle ist eher kreative Neu-Interpretation als klassische Roman-Verfilmung – der Vorspann nennt den Film ironisch ein „Palimpsest" von Ecos Roman. Diese Bezeichnung für abgeschabtes und neu beschriebenes Pergament

Finstere Mönche bevölkern Ecos Mittelalter-Krimi.

beschreibt treffend die Anlage des Buches: Nicht nur geht es in Film und Buch – dessen erster Satz denn auch „Natürlich, eine alte Handschrift" lautet – um solche Manuskripte. Auf einem Palimpsest sind mehrere Textschichten sichtbar oder mehrere Geschichten zugleich lesbar – und genau so hat Professor Eco, italienischer Mediävist und Zeichentheoretiker, sein Werk angelegt. Zunächst ist der Roman voll mit Anspielungen auf Literatur-Meisterwerke und berühmte Denker (der Name des gewieften Zeichendeuters „Baskerville" ist eine Verbeugung vor den Abenteuern von Arthur Conan Doyles Meisterdetektiv Sherlock Holmes). Aber die Geschichte der Ermittlungen in der Abtei bleibt, bei aller Gelehrsamkeit des Autors, spannend, zieht jedoch immer weitere Kreise und verweist mehr und mehr auf andere Geschichten und Ereignisse. Mit William und dem jungen Adson erkundet der Leser so nicht nur das Labyrinth der Klosterbibliothek, er ist bald mittendrin in den politischen, religiösen und kulturellen Auseinander-setzungen des Hochmittelalters. Der Macht-konflikt zwischen Papst und Kaiser, die Verfol-gung der radikalen Reformbewegungen, die Machtverzicht und Armut predigen durch die prunkliebende Amtskirche – das sind die Kon-troversen des 14. Jahrhunderts, die auch die scheinbar zurückgezogen lebenden Bewohner der Abtei erfasst haben. Der Kernkonflikt in „Der Name der Rose" aber ist ein ewig aktuel-les Thema: Wie ist die Rolle des Intellektuellen im Spannungsfeld von Wissen und Macht? Soll er durch Denkverbote den Wissensdrang der Menschen einschränken? Oder sind menschli-che Neugier, Vernunft und Humor nicht viel-mehr gottgegeben? Ecos Roman handelt also nicht bloß vom Mittelalter, er ist mehr als ein Whodunnit im Kloster – auch wenn Mittelal-ter-Fans und Krimi-Leser bestens auf ihre Kos-ten kommen. Nur der titelgebende „Name der Rose" bleibt – in Film und Buch – bis zum Schluss ein Geheimnis.

Palio di Siena

Der Palio di Siena ist eines der härtesten Pferderennen der Welt. Es wird auf der Piazza del Campo, einem 300 Meter langen Rundkurs und zentralem Platz der Stadt, ausgetragen. Die Bezirke Sienas treten in dem nicht ungefährlichen Pferderennen gegeneinander an.

Beim Palio di Siena ist die ganze Stadt auf den Beinen. Nur zehn der 17 Contraden, so nennt man die Bezirke der Stadt, sind zu dem Rennen zugelassen – mitlaufen darf der, der beim letzten Rennen nicht mitmachen durfte. Die Bezirke werden jeweils durch einen Reiter und ein Pferd vertreten. Die Wettkampfpferde werden durch ein Auswahlverfahren festgelegt und per Los an die Contraden verteilt.

Am Tag des Palio ist die ganze Stadt auf den Beinen. Nach dem Gottesdienst für die Reiter und einer Aufwärmrunde werden die Pferde mit dem Ruf „Geh und komme als Sieger wieder" gesegnet. Während sich die Oberhäupter des Palio ein letztes Mal treffen, um Strategien zu besprechen und Pakte zu beschließen, singen und feiern Jung und Alt auf den Straßen. Schließlich beginnt die Prozession auf der Piazza del Campo. Die Jockeys und ihre Pferde kommen in den Farben ihrer Contrade auf den Platz und treten in einer vorher ausgelosten Reihenfolge auf Seile zu, die als Startmarkierungen dienen. Tritt der zehnte in den Korridor, beginnt das Rennen. Die Pferde werden ungesattelt geritten, und die Behinderung des Gegners mit einem Ochsenziemer ist erlaubt. Das erste Pferd, das die Ziellinie überquert, hat den Palio gewonnen, egal ob der Reiter noch obenauf ist.

Nach etwa eineinhalb Minuten ist das Spektakel meist schon vorbei. Die siegreiche Contrade feiert nun ausgelassen, was durchaus auch mehrere Wochen dauern kann. Der Palio die Siena ist ein riesiges Volksfest, an dem die Bewohner lebhaft teilnehmen. Nichts ist hier für Touristen inszeniert, alles ist echte Begeisterung.

Das traditionelle Pferderennen in der toskanischen Stadt Siena

 # Pane

Brot ist eines der ältesten Nahrungsmittel der Menschheit. Schon 6.000 Jahre vor unserer Zeitrechnung wurde es hergestellt. Auch bei den alten Griechen und Ägyptern erfreute sich

Die italienische Küche kennt eine Vielfalt köstlicher heller Brotsorten.

Brot großer Beliebtheit und wurde mit Milch, Gewürzen und Kräutern verfeinert. Die Römer aber aßen lieber ihren „Puls", eine Art Getreidebrei. Erst langsam setzte sich Brot auch im Römischen Reich durch, zunächst war es wohl nur der Nobilität vorbehalten. Bäcker waren ab dem 2. Jahrhundert sehr gefragt und genossen eine ganze Reihe von Privilegien. Kaiser Aurelian machte sie dann schließlich zu Staatsbeamten. Brot bekam nach einem zögerlichen Start also doch noch seinen Platz in der italienischen Kultur zugewiesen. Die Vielfalt der Brotsorten haben sich die Italiener von den alten Römern bewahrt. Dabei haben die Spezialitäten fast alle nur zwei Grundzutaten: Weizenmehl und Hefe. Trotzdem ist jedes Brot anders in Geschmack und Aussehen. So gibt es zum Beispiel Panini, Crostata, Grissini, Pane und Ciabatta.

Ciabatta, aus der Toskana stammend, ist ein Brot aus Sauerteig, das durch seine lange Ruhezeit die typische unregelmäßige Porung und eine kräftige Kruste erhält. Meistens wird aus dem Teig ein langer und breiter Laib geformt. Ciabatta wird gern als Beilage zu Salaten und anderen Gerichten gegessen. Es dient aber auch als Grundlage für die kleinen Antipasti-Häppchen „Bruschetta", die man in jedem guten italienischen Restaurant zum Essen dazubekommt.

Ebenso wie die Pizza war auch Bruschetta früher ein Arme-Leute-Essen. Mittlerweile gilt sie als Delikatesse. Die Vorspeise stammt ursprünglich aus Mittel- und Süditalien. Besonders in den ländlichen Regionen wurde viel gebacken, und da man die Reste nicht wegwerfen wollte, wurden sie einfach geröstet. Der schnelle Imbiss für die Feldarbeiter war geboren. Der Begriff „Bruschetta" stammt vom ita-

lienischen Wort „bruciare" ab, das so viel wie „anbrennen" heißt. Das frisch geröstete Brot wird mit einer Knoblauchzehe eingerieben und mit Olivenöl bestrichen. Tomaten und Zwiebeln werden kleingeschnitten und mit gehacktem Basilikum auf das Brot gegeben. Fertig ist die Bruschetta! Sehr gut passt auch Parmesan, Mozzarella oder Parmaschinken dazu. Der Phantasie sind beim Belag keine Grenzen gesetzt.

Die Italiener lieben ihre kulinarischen Spezialitäten. So gibt es Volksfeste, die nur einem bestimmten landwirtschaftlichen Produkt gewidmet sind. Neben den Volksfesten für Oliven oder Tartufo wird im Juli auch die „Sagra della bruschetta" gefeiert.

Ciabatta ist nur eine der zahlreichen italienischen Brotvarianten

 Panettone

Es war einmal ein armer Bäcker namens Toni, der verliebte sich in die schöne Tochter des machthungrigen Herzogs zu Mailand. Dieser wollte sein Kind aber nicht ohne eine reiche Mitgift hergeben. So war Toni verzweifelt und wusste nicht mehr ein noch aus. Er ging in seine Backstube und fand dort eine Lösung: Er buk einen herrlichen Kuchen

Ein Kuchen als Liebeszauber – in Italien ist alles möglich.

mit auserlesenen Zutaten. Der Herzog war so entzückt von Tonis Backwerk, dass er von jeder weiteren Mitgift absah und dem jungen Mann seine Tochter zur Frau gab. Der Legende nach wurde so der Panettone erfunden, das „Pan di Tonio", also das Brot Tonis. Die weitaus weniger romantische, wenn auch stimmigere Erklärung übersetzt die Endung „-one" als Vergrößerungsform, Panettone heißt demzufolge „großes Brot". Traditionell wird der leckere Kuchen zur Weihnachtszeit gegessen. Er besteht aus Hefeteig und erhält durch Zugabe von Zucker, Milch, Butter und Eiern seine

Die süße Delikatesse wurde früher ausschließlich an Weihnachten gegessen.

Grundkonsistenz. Mit der Mischung aus Vanille, Rosinen, Orangeat und kandierten Früchten erzeugt der Panettone sein unvergleichliches Aroma. So entstand vor über 500 Jahren ein Kuchen, der eine längliche Form wie ein Weißbrot hatte und viel weniger süß schmeckte als heute. Deshalb wird der Panettone häufig auch Weihnachtsbrot genannt. Heute ist die Leckerei meist kuppelförmig.

Früher durfte der Panettone unter strenger Aufsicht des Hausherrn erst am Weihnachtsabend gebacken werden. Das Familienoberhaupt ritzte dann als Segenszeichen ein Kreuz in den Kuchen. Jedes Familienmitglied durfte ein Stück essen, das versprach Glück und Wohlstand. Heute wird der Kuchen industriell hergestellt und dann in grünen, roten oder violetten Schachteln in den Läden feilgeboten. Per Hand wird heutzutage natürlich auch kein Kreuz mehr eingeritzt. Wenn dieser besondere Kuchen auf dem Kaffeetisch der Italiener steht, dann beginnt die Weihnachtszeit.

 Parmaschinken

Der Parmaschinken ist eine ganz besondere Delikatesse aus Italien und wird von Feinschmeckern sehr geschätzt. Wie aber bekommt der Prosciutto di Parma sein außergewöhnliches Aroma?

Vier Dinge werden für den besonderen Geschmack benötigt: ausgewähltes Schweinefleisch, Meersalz, eine ausgiebige Reifezeit und das besondere Klima der Region um Parma. Nur wenn der Leckerbissen auch wirklich in Parma hergestellt wird und die Schweine aus den vorgeschriebenen Regionen in Italien stammen, darf man den gesetzlich geschützten Namen „Parmaschinken" benutzen.

Nachdem die Schweine geschlachtet wurden, reibt der Salzmeister, übrigens in der Region ein durchaus angesehener Beruf, die Keulen mit Meersalz ein. Dann wird der Schinken für einige Zeit im Kühlraum gelagert, bis er genug Salz aufgenommen hat. Schließlich folgt die Lufttrocknung. Die würzige Luft der Region tut ihr Übriges.

Während des Reifungsprozesses werden die Keulen immer wieder mit einer Paste aus Schmalz und Salz eingerieben, was das Austrocknen verhindert. Schließlich muss vor dem Verkauf ein unabhängiger Prüfer noch die hohe Qualität des Schinkens bestätigen, indem er mit einer Nadel aus Pferdeknochen in festgelegte Punkte der Keule sticht. Erst dann wird dem Prosciutto di Parma die Krone der Herzöge Farnese, sein Markenzeichen, eingebrannt.

Milder Geschmack, würziger Duft, kräftige Rötung – der Parmaschinken ist ein unverwechselbarer Genuss.

Damit gehört er zu den kulinarischen Botschaftern Italiens, die den Ruf dieser vorzüglichen Küche rund um die Welt getragen haben. Aber am besten schmeckt er natürlich, wenn er direkt in Italien genossen wird.

Edler Schinken mit langer Tradition – der Prosciutto di Parma ist nur echt, wenn er aus Parma stammt.

Die Delikatesse erhält durch ihre lange Reifezeit ihren besonderen Geschmack.

 Parmesan

Kein Pasta-Gericht ist wirklich rund ohne Parmesan. Für viele gilt der Hartkäse als Symbol der italienischen Küche schlechthin. Parmigiano-Reggiano, so sein eigentlicher Name, wird schon seit dem Mittelalter hergestellt, in einem mehrere Provinzen umfassenden Landstrich um die norditalienische Stadt Parma. In Europa ist er heute eine gesetzlich geschützte Marke, und ein spezielles Konsortium wacht mit Argusaugen über die Einhaltung der Herstellungsvorschriften. Selbst die Fütterung der milchgebenden Kühe ist genau vorgeschrieben. Parmigiano-Reggiano ist nur echt mit dem Gütesiegel des Konsortiums auf der Rinde. Mindestens ein Jahr muss er reifen; die meisten Hersteller gönnen dem Käse sogar die doppelte Reifezeit. Während der Käse reift, muss er ständig geputzt und gewendet werden.

Für jeden einzelnen Laib werden sage und schreibe 600 Liter Milch verwendet, hinzu kommen nur noch natürliches Lab und Salz. Ein fertiger Käselaib bringt es auf knapp 40 kg. Der Großteil des Parmesans wird in Italien selbst verkauft und verzehrt, nur etwa 15 % der Gesamtproduktion finden ihren Weg in die Geschäfte des Auslands. Dort weiß man häufig nicht wirklich zu unterscheiden zwischen dem echten Parmesan und etwa dem milderen Grana Padano, der bei uns mindestens ebenso verbreitet ist. Echter Parmesan schmeckt und riecht würzig aromatisch.

Ist der Parmesan fertig, wird er nicht geschnitten, sondern gebrochen. Man kann ihn auch hobeln, etwa um ihn als Brotbelag oder zum Salat zu essen. Meist wird er aber gerieben zu Pasta-Gerichten gegessen. Bereits geriebenen Käse in Dosen oder Tüten meidet man besser, denn nach dem Reiben verliert er schnell an Aroma. Wie alle Käsesorten sollte man auch den Parmesan vor der Verwendung aus dem Kühlschrank nehmen, damit er bei Zimmertemperatur sein volles Aroma entfalten kann.

Nur echt mit dem Stempel: echter Parmigiano-Reggiano ist gesetzlich geschützt.

Der König des italienischen Käses perfektioniert Pasta-Gerichte.

Pasta

Wer an die italienische Küche denkt, der denkt in erster Linie wahrscheinlich an Nudeln. Spaghetti, Tagliatelle, Farfalle, Fettuccine, Fusilli, Makkaroni, Penne Rigate, Rigatoni, Tagliatelle, Vermicelli, in gefüllter Form als Tortellini, Cannelloni, Ravioli oder als Lasagne.

Das A und O der italienischen Küche

Pasta, so die italienische Bezeichnung für Produkte aus Hartweizengrieß und Wasser, ob mit oder ohne Ei, gibt es heute in ganz unterschiedlichen Formen und sogar Farben. Über 600 verschiedene Sorten sind uns bekannt. Pasta – das klingt nach Sommer, Sonne und einem gemütlichen Restaurant im Schatten eines Olivenhains, in dem die mamma Rotwein und Pesto zur italienischen Spezialität serviert. Kleine und große Menschen, Jung und Alt – jeder liebt die Nudel, die in Suppen, Süßspeisen oder mit einer leckeren Soße gegessen werden kann.

Die Italiener können spätestens seit der Eröffnung der ersten Pastafabrik 1825 in Genua von sich behaupten, dass sie die größten Produzenten der Speise sind. Ob sie aber wirklich die Erfinder waren, wie stolze Italiener gern behaupten, bleibt fragwürdig. Denn im Streit um die erste Nudel liegt China ganz vorn. Nicht nur ein altes Nudelrezept auf Pergament beweist die Erfindung durch die Chinesen, Archäologen fanden am Gelben Fluss auch einen viertausend Jahre alten Topf – gefüllt mit Spaghetti. Erst Marco Polo soll die Nudel nach Italien gebracht haben.

Doch das Reich der Mitte steht nicht allein im Kampf um den Erfinderreichtum, auch die Araber wollen das Hartweizenprodukt entdeckt haben. Erst durch ihre Besetzung Siziliens sei die Nudel in Italien populär geworden.

Aber natürlich will auch Italien nicht auf den ersten Platz im Wettkampf verzichten. Schon Grabsteine der Etrusker des vierten Jahrhunderts v. Chr. zeigen Abbildungen von der Herstellung der Pasta. Auch im ältesten überlieferten Kochbuch, von einem Römer verfasst, gibt es ein Nudelrezept. Horaz jedenfalls, Dichter

Die italienische Küche bietet eine unüberschaubare Vielfalt an verschiedenen Nudelsorten.

zur Zeit des Römischen Reichs, beschreibt ausgiebig seine Vorliebe für Lasagne.

Ganz sicher kann wohl nie gesagt werden, wer die Nudel erfand. Der Kompromiss, dass es eine Kulturleistung war, die an mehreren Orten gleichzeitig stattfand, scheint da doch die beste Lösung zu sein.

Sicher ist, dass mit dem Beginn der Renaissance Nudelgerichte in Italien hoffähig wurden. Niemand wollte mehr auf Nudelgratins oder Makkaroni mit Zucker und Zimt verzichten. Die Pasta wurde zu einem Luxusgut. Erst mit der Brotkrise zu Beginn des 16. Jahrhunderts verbreitete sich die Mahlzeit auch bei den weniger betuchten Bürgern. Mit dem Aufkommen der Garküchen wurde Pasta, die man mit den Fingern aß, ein Arme-Leute-Essen. Allerdings wurden die Nudeln ohne Soße gegessen – die konnten sich noch immer nur Reiche leisten.

Die Soße macht den Geschmack.

Die Eroberung der Speisekarten begann allerdings erst mit der industriellen Produktion. Das leckere Gericht ist dadurch in allen Teilen der Welt bekannt und beliebt, und so sind dem Erfindungsreichtum für neue Variationen keine Grenzen gesetzt – egal, ob die Rezepte italienisch, arabisch oder chinesisch sind! Ähnlich wie Pizza eignet sich Pasta ideal als Grundlage für die unterschiedlichsten Kombinationen, denn letztlich bestimmt die Soße den Geschmack. Selbst wenn täglich Pasta auf den Tisch kommt, stellt sich so schnell keine Eintönigkeit ein. Ob mit Tomaten, in Sahnesoße, alla Bolognese mit Hackfleischsoße oder einfach nur mit geriebenem Käse und Basilikum, die Pastaküche kennt eine Vielfalt von Variationen. Eines haben sie allerdings gemeinsam – sie sind recht gehaltvoll. Schlanker wird man von Pasta wahrlich nicht.

 Luciano Pavarotti

Pavarotti war ein Popstar der Opernwelt. Er begeisterte über die Grenzen des Genres hinaus und arbeitete sowohl mit bekannten Operngrößen als auch mit Berühmtheiten wie Elton John und Frank Sinatra zusammen.

Er ist der Startenor par excellence.

1935 in Modena geboren, erlernte Pavarotti schon früh die Kunst des Gesangs. Mit 26 Jahren begann er seine Karriere als Rodolfo in Puccinis „La Bohème", die Rolle sollte später zu seinem Markenzeichen werden. Dieser Auftritt öffnete ihm die Türen der italienischen Opernszene. Der große Durchbruch gelang Pavarotti an der Londoner Oper, als er für einen erkrankten Kollegen einsprang. Es folgten Auftritte an der Mailänder Scala, in Paris, Barcelona und New York. Auch in anderen Städten wurde Pavarotti gefeiert und verehrt. 1990 trat er in Begleitung von Plácido Domingo und José Carreras auf. Bei dem mittlerweile weltberühmten Auftritt am Vorabend

Nicht nur in Italien bleibt Pavarotti unvergessen.

der Fußballweltmeisterschaft in Italien wurden die „Drei Tenöre" geboren. Die CD des Livemitschnitts ist die am schnellsten und besten verkaufte klassische Platte aller Zeiten. Pavarottis Erfolg war nicht mehr zu bremsen. Zum Konzert im New Yorker Central Park pilgerte eine halbe Million Menschen. Die Aufführungen der „Drei Tenöre" wurden weltweit im Fernsehen übertragen und lösten überall Begeisterung aus.

Mit 69 Jahren beschloss Pavarotti, sich endgültig aus der Öffentlichkeit zurückzuziehen. Die Abschlusstournee wurde aber durch ein Krebsleiden frühzeitig beendet. Bei seinem letzten Auftritt vor seinem Tod, im September 2007, sang er seine Lieblingsarie aus Puccinis „Turandot", die ein Milliardenpublikum verzückte.

Sein großes Verdienst lag darin, die oft elitäre Opernwelt einem breiten Publikum zu öffnen und ein breites Publikum aller Altersschichten für die Oper zu begeistern.

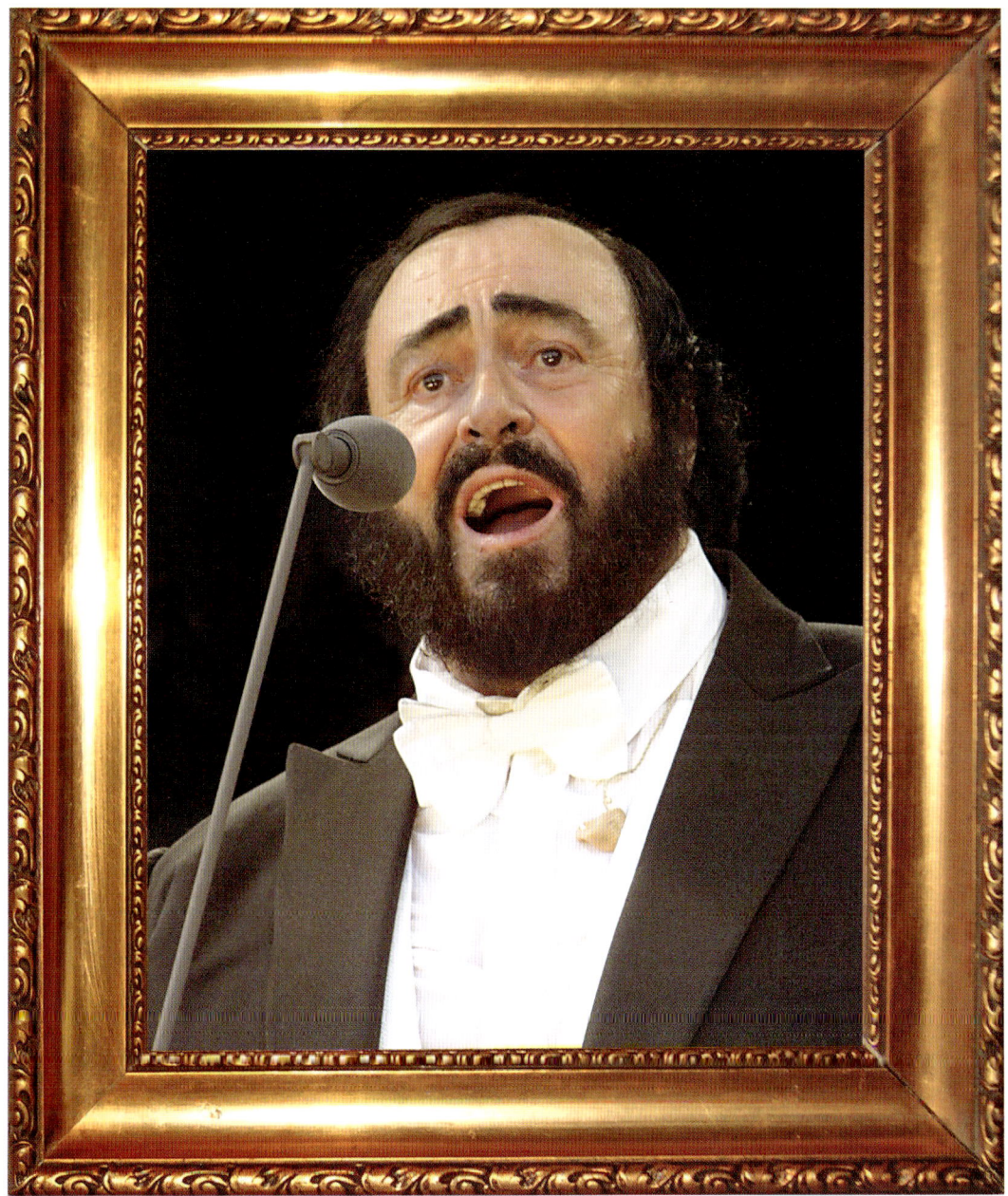

Pirelli-Kalender

Schöne Frauen und schnelle Autos

Schöne Frauen, erotische Posen und ein Reifenhersteller? Ja, diese Kombination gibt es wirklich. Der italienische Reifenfabrikant Pirelli ist Auftraggeber des legendären Kalenders, der heute vermutlich einen höheren Bekanntheitsgrad genießt als die Reifen. Schon seit 1964 verführt er ausgewählte Geschäftskunden, zu denen gehört auch Prinz Charles. Denn der Pirelli-Kalender ist streng limitiert und wird nur an ausgewählte Kunden verschenkt. Die Mutter des Erotik-Kalenders erlangte Weltruhm durch Topmodels wie Heidi Klum, Cindy Crawford, Naomi Campbell, Gisele Bündchen und Kate Moss, kombiniert mit dem künstlerisch-erotischen Stil der meist prominenten Fotografen.

Neben außergewöhnlichen Kulissen wie Tunesien oder Seychellen, entstehen die sinnlichen Fotos häufig auch an ungewöhnlichen Naturschauplätzen. Das Thema jedes Pirelli-Kalenders ist offensichtlich: die Schönheit des weiblichen Körpers glamourös in Szene zu setzen. 1964 startete der erste Kalender mit dem Beatles-Fotografen Robert Freeman, der schöne Mädchen an weißen Sandstränden zeigte. 1972 setzte sich dann die Playboy-Ästhetik durch – man konnte nun die erste nackte Brust bewundern. Neben den professionellen Models ließen sich auch immer wieder Schauspielerinnen wie Sophia Loren oder Penélope Cruz ablichten.

In den 90er Jahren kehrte man wieder zum klassischen Schwarz-Weiß zurück. Und schließlich hielten die Topmodels Einzug in den Erotik-Kalender. An der Entwicklung der Aktfotografie, wie sie in den Kalendern dokumentiert wird, lässt sich immer auch der Zeitgeschmack ablesen. Dabei haben die Bilder aber durchaus künstlerischen Anspruch. Heute ist der Pirelli-Kalender ein absolutes Kultobjekt, und besonders ältere Exemplare haben einen unschätzbaren Wert für Sammler.

Der Kalender gilt als Inbegriff anspruchsvoller Erotikfotografie.

 # Pizza

Fast Food in Nationalfarben

Neapel – die schmucke süditalienische Stadt der engen Gässchen und der Pizza. Überall findet man hier kleine Pizzerias, die immer gut gefüllt sind, denn die Neapolitaner essen Pizza morgens, mittags und abends – so zumindest will es das Klischee.

Hier in Neapel soll sie erfunden worden sein, die Spezialität aus luftigem Boden, der mit Tomaten, verschiedenen Belägen und Gewürzen in einem Stein- oder Holzofen gebacken wird. Aber stammt das Gericht auch wirklich aus Neapel?

Ganz einig ist man sich nicht: So sollen die Etrusker, die Ägypter oder die alten Griechen die Pizza erfunden haben. Sicher ist, dass das Wort „Pizza" zum ersten Mal im neapolitanischen Dialekt auftauchte. Und in Neapel wurde 1830 obendrein die erste Pizzeria eröffnet; sie verwöhnt auch heute noch ihre Gäste. Auch die Pizza-Taxis gehen auf einen Neapolitaner zurück: Königin Margherita von Savoyen

Auch wenn die Urheberschaft umstritten ist, gilt Pizza als das Nationalgericht Italiens.

liebte die Pizza des Signor Esposito. Da es für sie aber undenkbar war, sich unters Fußvolk zu mischen, bestellte die Gemahlin von Umberto I. den Pizzabäcker kurzerhand in den Palast. Aus drei Variationen wählte Margherita eine, die mit Basilikum, Tomaten und Mozzarella belegt war.

Die „patriotischste Pizza" in den Farben der Tricolore wurde nach der Königin benannt. Die „Margherita" ist seither wohl die am häufigsten bestellte Sorte.

Von Neapel aus eroberte die Pizza die ganze Welt – Grund genug für zahlreiche landestypische Variationen der „vera pizza". Besonders die Amerikaner lieben die italienische Spezialität und machten für den Massenkonsum ein Fertigprodukt daraus. Richtig gut schmeckt die Pizza aber wohl nur von einem echten Italiener zubereitet, denn die Neapolitaner glauben, die Zubereitung sei eine Kunst, die man nur durch die Erfahrungen vieler Generationen erlernen könne.

 Pompeji

Am 24. August im Jahre 79 n. Chr. brach das Unglück über Pompeji herein. Erdstöße erschütterten die Stadt, Dächer stürzten ein – schließlich brach der Vesuv aus. Ascheregen fiel in Sekundenschnelle auf Pompeji nieder, und die Lava strömte talwärts. Die überraschten Menschen suchten Schutz in ihren Häusern, wo sie an den giftigen Phosphordämpfen erstickten. Wenige Tage später war die einst wohlhabende Stadt vollständig zerstört und unter einer sechs Meter dicken Ascheschicht begraben.

Ein Vulkanausbruch überraschte die Stadt Pompeji und konservierte sie so für die Nachwelt. Für die Wissenschaft ein Glücksfall!

Aus heutiger Sicht ist die Tragödie ein Glücksfall für Archäologen. Der Vulkanausbruch beendete das Alltagsleben im antiken Pompeji abrupt und konservierte es für die Nachwelt. Doch zunächst geriet die Stadt für lange Zeit in Vergessenheit. Erst im 18. Jahrhundert fanden die ersten, wenig fachgerechten Ausgrabungen statt. Dabei entdeckte man ganz erstaunliche Fresken und Mosaike. Man grub Villen wohlhabender antiker Bürger aus und entdeckte dabei vergessene Details des antiken Wohnkomforts.

Pompeji zeichnet aber auch ein unerbittliches Bild der letzten Augenblicke vor dem Tod. Die Körper der Verschütteten verwesten im Laufe der Zeit und hinterließen Hohlräume in der festen Lavaschicht. Gießt man die Hohlräume mit Gips aus, erhält man ein recht genaues Abbild der Toten, ihres Gesichtsausdruckes und ihrer Körperhaltung im Moment des Todes.

Dieses einzigartige Zeitzeugnis lockt jedes Jahr Millionen von Besuchern aus aller Welt an. Doch der Besucherstrom führt auch zu beträchtlichen Zerstörungen in der Ruinenstadt. Ganze Abschnitte Pompejis sind deshalb mittlerweile für Besucher gesperrt, teils weil sie bereits beschädigt sind, teils weil das Geld für ihren Unterhalt fehlt. So schlugen Wissenschaftler bereits Alarm und sprachen von der „zweiten Zerstörung" des Weltkulturerbes.

An der zerstörten Stadt kann man die Lebensweise der antiken Menschen nachvollziehen. Ohne Pompeji wüsste man nicht, dass es schon in der Antike Imbissbuden gab.

Ponte Vecchio

Die älteste Brücke der toskanischen Stadt Florenz ist die Ponte Vecchio. Schon zu Römerzeiten gab es hier eine Brücke aus Holz. Im 14. Jahrhundert entstand eine dreibogige Überführung aus Stein. Nach und nach siedelten sich auf der Brücke kleine Geschäfte, hauptsächlich Gerber und Fleischer, an.

Die Ponte Vecchio ist eines der Wahrzeichen der Stadt.

So war täglich lebendiges Treiben auf der alten Brücke. Die Fleischer schlachteten und entsorgten die Abfälle im Arno; die Gerber wuschen ihre Stoffe, die in Pferdeurin getränkt waren. Der Gestank war der Überlieferung nach unerträglich und zog bis zu den Uffizien. Ferdinando I. de' Medici verfügte deshalb, dass sich ab 1593 nur noch Goldschmiede auf der Brücke ansiedeln durften. So ist es auch bis heute geblieben.

Giorgi Vasari errichtete in den 1560er Jahren schließlich auf einem Bogengang einen Korridor, der die Uffizien mit dem Palazzo Pitti verband. Nach nur fünfmonatiger Bauzeit erfolgte die Einweihung anlässlich der Hochzeit von Francesco de' Medici mit Johanna von Österreich. Die Herrscher der Stadt, die Medici-Familie, konnten durch den Korridor von einem Punkt zum anderen gelangen, ohne sich dabei unters Fußvolk mischen zu müssen. Auch als Fluchtweg sollte dieser Korridor bei einer eventuellen Bedrohung dienen. Heute beherbergt der „Corridoio Vasariano" bedeutende Gemälde aus dem 17. und 18. Jahrhundert, die in den Uffizien keinen Platz mehr fanden.

Während des Zweiten Weltkriegs blieb die Ponte Vecchio als einzige der vielen Brücken in Florenz unversehrt. Angeblich ordnete Hitler selbst an, darauf zu achten, sie vor den Sprengungen zu verschonen. Heute ist sie ein beliebter Ort bei den Touristen und so pilgert jeder Florenzbesucher mindestens einmal zur Brücke. Erst in der Mitte bemerkt man wirklich, dass man die Sehenswürdigkeit erreicht hat, denn nur dort kann man auf den Fluss Arno sehen.

Goldschmiede und alte Meister findet man auf der berühmtesten Brücke von Florenz.

 # Portofino

**Ein malerisches Fischerdorf
mit Postkartenidylle**

Einer der schönsten Flecken Italiens befindet sich in Ligurien, dem Küstenstreifen im Nordwesten Italiens. Hier, östlich von der ehrwürdigen Hafenstadt Genua, liegt Portofino, ein kleines Fischerdorf. In einer geschützten Bucht des Golfs von Tigullio schmiegt sich der 500-Seelen-Ort an die Küste. Portofino ist vor allem für seinen malerischen Hafen bekannt. Die kleinen Häuser der Einwohner sind meist bunt getüncht – ursprünglich waren sie weiß angestrichen, doch die Fischer wurden wohlhabender und die Farben allmählich immer bunter und ausgefallener. Über dem Dorf thront pittoresk ein kleines Kastell auf dem Felsen. Ursprünglich leitete sich der Ortsname vom lateinischen „Portus Delphini" (Delphinhafen) ab.

Portofino, das ist heute ein Ort des Jet-Sets. Denn mit echter Fischerdorfromantik war es bereits im 19. Jahrhundert vorbei. Nachdem das kleine Örtchen um 1870 von einem britischen Konsul „entdeckt" worden war, strömten bald die Schönen und Reichen in Scharen in das hübsche Dorf. Von Kaiser Wilhelm II. bis Madonna waren alle schon einmal dort. So gehört Portofino heute zu den teuersten Pflastern Italiens. Der kleine Fischerort lockt deshalb mit riesigen Jachten, teuren Hotels, exquisiten Restaurants und ausgewählten Geschäften. Heute zählt er zwar nur noch etwa 500 Einwohner, doch in der Hochsaison wird er von meist gutbetuchten Besuchern regelrecht überschwemmt.

Portofino ist einer der bekanntesten Fischerorte überhaupt, es wurde zum Synonym für italienische Mittelmeer-Romantik. Weltweit sind viele Restaurants nach ihm benannt, und Hollywood baute das Dorf sogar in einem Studio nach. Streng genommen ist es längst kein Fischerdorf mehr, denn heute stellt der Tourismus die wichtigste Einnahmequelle für die Bewohner dar. Fischfang betreibt man hier fast nur noch für die Fotografen und Touristen.

Mit der Idylle ist es vorbei, seit die Reichen und Schönen den Ort für sich entdeckten.

Riva-Boote

Der Name steht für Leichtigkeit und Eleganz.

Sie sind die Königinnen der Meere. Die Luxusboote der Marke Riva sind Objekte der Begierde von Sammlern, Statussymbole und Kunstobjekte. Schon Sean Connery, Sophia Loren und Brigitte Bardot besaßen Motorboote von Riva. Das bis zu zehn Meter lange Gefährt aus Mahagoni war das Symbol des italienischen Wirtschaftswunders der sechziger und siebziger Jahre. Die Schönen und Reichen konnten mit bis zu 90 Stundenkilometern über das Wasser der Adria rasen und dabei hoffen, dass die einfachen Strandurlauber beim Anblick vor Neid erblassten. Ein Riva-Boot ist zuallererst formschön: Das glatte Mahagoniholz, die edle Gestaltung, die leistungsstarke Motorisierung und die stilvolle Ausstattung machen die Gefährte zu echten Sammlerobjekten. Carlo Riva entwarf sämtliche Teile in Eigenarbeit.

Riva-Boote gehörten früher zur Grundausstattung des Jet-Sets.

Der Erfinder der Designikonen wuchs am Lago d'Iseo auf. Er arbeitete schon als Jugendlicher in der Werft, die sein Urgroßvater begründet hatte. Wurden dort anfangs noch Fischerkähne hergestellt, waren es später Frachtboote und schließlich motorbetriebene Freizeitgefährte. Nach dem Zweiten Weltkrieg hatte Carlo Riva die Idee, schnelle, elegante Boote herzustellen. So baute er schon als 27-Jähriger vom Rumpf über die Instrumente bis zu den Polstern alles selbst. Er kaufte Motoren aus Amerika ein und kümmerte sich sogar um das Marketing. Carlo war detailversessen und arbeitete Tag und Nacht an seinen Entwürfen. Selbst die Bugwelle wurde von ihm maßgeschneidert, damit sie ein perfektes V ins Wasser zeichnen konnte. Die Boote verkauften sich schon bald hervorragend, und so übernahm der ehrgeizige Carlo Riva schließlich die Firma seines Vaters.

Bei einem Streik seiner Arbeiter 1969 kam es aber zum Eklat. Die Arbeiter wollten Riva nicht mehr in seine eigene Werft lassen. Carlo war erschüttert, denn er wähnte sich in einem guten Verhältnis zu seinen Angestellten. Schließlich zog er sich allmählich immer mehr aus dem Geschäft zurück. Sein Unternehmen gehört mittlerweile der Firma Ferretti, allerdings sind die Riva-Boote heute nicht mehr ausschließlich aus Holz. Die Marke ist zu einem Mythos geworden. Echte Rivas, die noch aus der klassischen Ära stammen, sind heute heißbegehrt.

Allzu viele Exemplare sieht man aber trotzdem nicht mehr auf dem Wasser, denn zahlreiche Sammler halten die echten Riva-Boote für viel zu wertvoll, um sie zu benutzen und zu verschleißen.

 Riviera

Seit den Fünfzigern rollte die deutsche Reisewelle, und die Teutonen im eigenen PKW an die Strände von *bella Italia* – ironischerweise zeitgleich und umgekehrt zur Wanderungsrichtung der italienischen „Gastarbeiter", die sich wegen der guten Verdienstmöglichkeiten in deutschen Fabriken nach Norden aufmachten. Anders als frühere Deutsche, die – wie beispielsweise Goethe – im Land, „wo die Zitronen blühn", die Kultur der Antike in sich aufnehmen wollten, ging es den angereisten Westdeutschen, die gerade erst zu bescheidenem Wohlstand gekommen waren, hauptsächlich ums Sonnenbaden. Vor allem die Adria-Strände in der Emilia Romagna zwischen Rimini und Cesenatico wurden damals als „Teutonengrill" populär – man sprach deutsch auf den Campingplätzen und in den großen Hotels. Aber auch im eigenen Lande schätzte und schätzt man die breiten Strände und die Bademöglichkeiten an der „adriatischen Riviera".

Die Sehnsuchtslandschaft im Wirtschaftswunder

Das Original hingegen, die eigentliche „italienische Riviera", liegt gegenüber, gleichsam auf der anderen Seite des Stiefelschafts, und bildet die Verlängerung der französischen Côte d'Azur. Sie hat Vergleichbares zu bieten: Die italienische Riviera, die sich von Ventimiglia an der französischen Grenze bis La Spezia an der ligurischen Küste entlangzieht, betört durch mildes Seeklima und die steil aufragenden Berge von Apennin und Seealpen im Hintergrund. Seit dem frühen 19. Jahrhundert zieht das schöne Wetter an der Riviera Erholungssuchende an, darunter die englischen Dichter Byron und Shelley. Letzterer fand bei einem Bootsunfall während der Überfahrt von Livorno nach Lerici im Sommer 1822 seinen frühen Tod. Das hielt den Massentourismus nicht davon ab, auch dieser Gegend seinen Stempel aufzudrücken. Verhältnismäßig ursprünglich – zumindest landschaftlich – sind aber noch die Dörfer der Cinque Terre, die zum UNESCO-Weltkulturerbe erklärt wurden. „Fünf Länder" heißt die-

ses Gebiet aus fünf Gemeinden nordwestlich von La Spezia. Malerische, in Bergterrassen hineingebaute Dörfer balancieren über der Steilküste, die allerdings kaum Sandstrände aufweist.

Dennoch gibt es genug zu sehen. Wanderwege mit spektakulären Ausblicken führen durch die zerklüftete Küstenlandschaft, und in den Dör-

fern kann der auf Steilterrassen angebaute Wein gekostet werden. Auch der Olivenanbau ist – neben dem Tagestourismus – ein traditioneller Erwerbszweig der Dorfbewohner zwischen Monterosse al Mare und Riomaggiore. Und das Gute ist: Von Genua und Rimini sind die Cinque Terre bequem per Zug zu erreichen.

Früher war die Riviera das beliebteste Reiseziel der Deutschen.

129

Schiefer Turm von Pisa

Mit seinen 55 Metern ist er nicht ungewöhnlich groß, und architektonisch fügt er sich harmonisch in den ihn umgebenen mediterranen Stil ein. Trotzdem ist er besonders. Seine Berühmtheit erlangte der Glockenturm von Pisa durch den Untergrund, auf dem er gebaut wurde. Dieser war nämlich zu weich und brachte den Turm schon früh in seine weltbekannte Schieflage.

„Schief darf er sein, aber fallen soll er nicht."

Diese buchstäblich bewegte Geschichte begann bereits im 12. Jahrhundert, als der Grundstein für den Turm gelegt wurde. Schon beim Bau der Kirche hatte es Probleme mit dem zu weichen Untergrund gegeben, und kurz nach Beginn der Bauarbeiten am Turm begann er, sich nach Südosten zu neigen. Zunächst versuchte man, dies mit einer gegensätzlichen Neigung des Gebäudes auszugleichen, doch vergeblich. Immer wieder mussten die Bauarbeiten wegen des absinkenden Untergrunds unterbrochen werden. Dennoch zog man es

Der Turm ist eines der berühmtesten Bauwerke der Welt.

nie in Erwägung, dieses prächtige Bauwerk nicht zu vollenden. Und schließlich wurde der Schiefe Turm von Pisa zum Wahrzeichen seiner Stadt, zum Anziehungspunkt für Millionen von Touristen und zum Gegenstand zahlreicher Anekdoten. So studierte Galileo Galilei angeblich seine Fallgesetze an diesem Ort.

Der Domplatz mit dem Turm, der Kathedrale, dem Baptisterium und dem angrenzenden Friedhof wurde von der UNESCO 1987 zum Weltkulturerbe erklärt und ist damit eines von 44 Kulturdenkmälern in Italien, die dieses Prädikat bis 2008 erhalten haben.

Nachdem der Turm wegen akuter Gefährdung fast 12 Jahre lang für jeglichen Publikumsverkehr gesperrt war, ist er seit 2001 wieder für Besucher geöffnet und kann erklommen werden. Die jüngsten Baumaßnahmen zur Sicherung des Fundaments sollen – so die Hoffnung – den Fortbestand des weltberühmten Campanile zumindest für die kommenden Jahrzehnte sichern.

Sixtinische Kapelle

Tief im Inneren des Vatikans steht die Sixtinische Kapelle, ein von außen schmuckloses und verschlossenes Gebäude. Tritt man in die – für römische Verhältnisse – relativ kleine Kapelle ein, so ist man zunächst irritiert. In dem Raum versammeln sich Tag für Tag riesige Menschenmengen, die alle die Köpfe gen Decke recken. Zwischen den staunenden Massen hört man die Museumswärter immer wieder „Schsch, silencio, silence" rufen, was das Gemurmel aber nicht verstummen lässt.

Schöpfungsgeschichte und Jüngstes Gericht in nie dagewesener Drastik

Dort, wo sich alle Blicke hinwenden, erstreckt sich das weltberühmte Deckenfresko Michelangelos mit der Schöpfungsgeschichte. Dabei fällt sofort „Die Erschaffung des Menschen" ins Auge, eines der meistzitierten Motive der Kunstgeschichte. Nach der ersten Betrachtung senkt man seinen Blick in Richtung der Altarwand und sieht dort das „Jüngste Gericht". Zum einen ist die Errettung der Tugendhaften durch den apollinisch wirkenden Jesus zu sehen, zum anderen werden die Verdammten in den Höllenschlund gezogen.

Die Sixtinische Kapelle wurde im 15. Jahrhundert unter Papst Sixtus IV. als päpstliche Hauskapelle erbaut. Ursprünglich schmückte ein gemalter Sternhimmel das Gewölbe. Der Neffe des Kapellenerbauers, Papst Julius II., entschied sich, dies zu ändern, und beauftragte 1508 Michelangelo. Dieser malte meist auf dem Rücken liegend oder in anderen unmöglichen Positionen. Nach der Fertigstellung des Gewölbes wurde Michelangelo als Genie gefeiert. Anschließend erhielt er den Auftrag für die Gestaltung der Altarseite. Geplagt von Depressionen und Altersschwäche malte er sein wohl düsterstes Werk. Seit 1870 findet in der Kapelle das Konklave, also die Papstwahl, statt. Dieser Aspekt unterstreicht noch einmal die Einzigartigkeit dieses Ortes. Heute gilt die Sixtinische Kapelle als eines der bedeutendsten europäischen Kunstwerke.

Michelangelo schuf hier sein Meisterwerk.

132

Bud Spencer und Terence Hill

Puff – Peng – Zang! Wenn der untersetzte bärbeißige Dunkelhaarige mit der Boxerfigur und der drahtige, schlanke Blonde loslegen, dann fliegen die Fäuste. Ein Riesenspaß, so eine Klopperei, zumindest für die Zuschauer und ihre Helden: Bud Spencer und Terence Hill haben mit ihren Komödien eine Ära geprägt. Dabei fing alles viel ernster an: 1967 bekommt der ehemalige Olympia-Schwimmer, Bauarbeiter, Musiker sowie Jura-Absolvent Carlo Pedersoli das Angebot für eine Hauptrolle. Er soll an der Seite seines schon etablierten Kollegen Mario Girotti in einem harten Italo-Western spielen. Der Rest ist Filmgeschichte: Unter den Künstlernamen Bud Spencer und Terence Hill macht das ungleiche Duo bald internationale Karriere. Ihr Erstling, der blutige Spaghettiwestern „Gott vergibt – wir beide nie", ist allerdings nicht ganz typisch für ihr Œuvre. Allmählich aber wird in den beiden Nachfolgern „Vier für ein Ave Maria" (1968) und „Hügel der blutigen Stiefel" (1969) das komische Potenzial des Gespanns offensichtlich.

Und allen Bedenken pazifistischer 68er-Pädagogen zum Trotz finden die Prügel-Orgien der schlagkräftigen Originale auch in Deutschland ihr Publikum: 12 Millionen Kinozuschauer sehen „Vier Fäuste für ein Halleluja" allein in der BRD. Bis in die achtziger Jahre hinein sind Girotti, der in Sachsen aufgewachsene Sohn einer Deutschen, und der bär(t)ige Ex-Olympionike Pedersoli in einer Reihe von Komödien erfolgreich. Längst haben sie den Wilden Westen verlassen und erleben als Piraten („Freibeuter der Meere", 1971), Priester („Zwei Missionare", 1974), Großwildjäger („Das Krokodil und sein Nilpferd", 1979) und vermeintliche CIA-Agenten („Zwei bärenstarke Typen", 1983) ihre Abenteuer weltweit. Und aus denen gehen sie mit eigenwilliger Prügeltechnik („einhändige Doppelbackpfeife") und trockenem Humor stets siegreich hervor.

Dieses ungleiche Paar prügelte sich in die Filmgeschichte.

Vom harten Western zum Klamauk spielte sich das Erfolgsduo ganz nach oben.

Squadra Azzurra

9. Juli 2006: Nicht nur italienische Fußballfans erinnern sich noch lebhaft an das dramatische WM-Endspiel Italien gegen Frankreich im Berliner Olympiastadion: Schon nach sieben Minuten gibt es nach einem umstrittenen Foul von Materazzi einen Strafstoß, den der Franzose Zinédine Zidane zum Führungstreffer verwandelt. Wenig später schießt Materazzi aus einem Eckball heraus den Anschlusstreffer. In der Nachspielzeit schließlich kommt es zu jener Auseinandersetzung zwischen beiden, die mit Zidanes berühmtem Kopfstoß und seinem Platzverweis endete. Nach einem hochspannenden Elfmeterschießen – alle italienischen Schützen treffen, das Resultat heißt am Ende 5:3 – ist Italien schließlich zum vierten Mal Fußballweltmeister. Italiens *tifosi*, die zehntausenden italienischen Fans auf den Rängen, auf den Straßen Berlins und zu Hause jubeln und liegen sich in den Armen. Mit diesem Sieg war eine Art „Fluch" von der Squadra Azzurra ge-

Sie gehören zu den ewigen Favoriten.

Die Squadra Azzurra ist vierfacher Weltmeister.

nommen: Zuletzt hatte 24 Jahre zuvor eine italienische Auswahl ein internationales Turnier gewonnen. Zugleich war der Sieg für die Fans und für den italienischen Fußballverband vor allem ein dringend nötiges gutes Omen, wurde der italienische Fußball 2006 doch von einem schweren Bestechungsskandal erschüttert. Funktionäre der vier führenden Vereine der ersten Liga hatten Spielergebnisse manipuliert und Schiedsrichter bestochen. Nach dem Sieg der *azzurri* war für die Fans wenigstens vorübergehend die Welt wieder in Ordnung.

Erstmals war die „Mannschaft in Blau", der Farbe des italienischen Königshauses, im Jahr 1910 zu einem Turnier angetreten. Auch damals siegte man über Frankreich (Endstand: 6:2). Bei der ersten WM 1930 in Uruguay fehlten die *azzurri* zwar, dafür holte das Team von Trainer Vittorio Pozzo die nächsten zwei Weltmeistertitel 1934 und 1938. Auch wenn der italienische Erstligafußball, die Serie A, in der Nachkriegszeit zur „Mutter aller Profiligen"

aufstieg, so konnte die italienische Nationalmannschaft dem doch keine entsprechenden
Erfolge an die Seite stellen. Italiens internationale Fußball-Durst-
strecke dauerte bis
1970, sieht man vom
einzigen EM-Sieg Ita-
liens 1968 ab. Beim
„Jahrhundertspiel" in
Mexiko gegen Deutsch-
land aber bot die italie-
nische Auswahl zwei
Stunden lang großen,
hochdramatischen Fuß-

ball. Die frühe Führung der Italiener (das 1:0
fiel in der 7. Minute) konnten die Deutschen
erst in der Nachspielzeit ausgleichen. In der
Verlängerung traf dann Gert Müller zum 1:2 –
doch die verbissen kämpfenden Italiener konnten das Fußballdrama in buchstäblich letzter
Minute mit 4:2 noch klar für sich entscheiden.
Im Finale hieß der Weltmeister dann aber doch
Brasilien. Bei der WM in Argentinien 1982
schließlich traf man im
Endspiel auf Deutsch-
land, und die Squadra
Azzurra ging wieder
als Sieger, aber diesmal
auch als Weltmeister
vom Platz. Wie 26 Jahre
später in Berlin.
Bislang wurde die italie-
nische Nationalmann-
schaft viermal Welt-
meister, insgesamt hat sie 16 Mal an der
Fußballweltmeisterschaft teilgenommen. Der
Vatikanstaat verfügt übrigens auch über eine
eigene Mannschaft, diese nimmt allerdings
nicht an den Weltmeisterschaften teil, da der
Verband nicht Mitglied der UEFA ist.

Antonio Stradivari

Keine Geige ist so teuer wie eine echte Stradivari. Bis heute gelten die Instrumente als Maß aller Dinge. Die Geigen Antonio Stradivaris sind berühmt für ihre brillanten Höhen und ihre samtigen, fließenden Töne in den Tiefen. Stradivari optimierte die bis dahin als Spitzengeigen geltenden Instrumente der Amati-Familie auf ihre Tragfähigkeit hin, also auf ihr Vermögen, auch in großen Konzertsälen noch bis in den kleinsten Winkel zu hören zu sein.

Von den sagenhaften Instrumenten Antonio Stradivaris gibt es heute nur noch etwa 600 Stück.

Antonio Stradivari, vermutlich 1644 in Cremona geboren, machte die Geigenbauer-Tradition seiner Heimatstadt weltbekannt. Er lernte beim genialen Nicola Amati und perfektionierte dessen Geigen. Um 1680 konnte er in Cremona seine eigene kleine Werkstatt eröffnen. Geigen zu bauen ist eine Kunst. Viel Erfahrung, Liebe zum Detail und Geduld sind gefordert. Aber nicht nur die handwerklichen Fähigkeiten müssen sehr gut ausgebildet sein, sondern der Geigenbauer muss auch über ein ausgezeichnetes Gehör und musikalisches Empfinden verfügen.

Der Name wurde zum Synonym für höchste Perfektion.

Schon um 1700 erlangten Stradivaris Geigen Weltruhm. Sie zeichnen sich durch einen gestreckten, großen Klangkörper mit einer flachen Wölbung aus. Neben dem zweiteiligen Boden ist besonders der Lack charakteristisch für die Violinen. Lange glaubte man, dass gerade die Lackierung verantwortlich war für die Klangschönheit, mittlerweile ist aber gesichert, dass auch die besondere Anordnung und die Bearbeitung der klanggebenden Elemente zum außergewöhnlichen Hörerlebnis beitragen.

Von seinen elf Kindern traten nur zwei in Stradivaris Werkstatt ein. Sie durften bis zu seinem

Tode nur kleine Handlangerdienste erfüllen. Der Meister starb 1737 in Cremona. Seine beiden Söhne konnten die Geigenbauertradition nicht fortführen, denn Antonio hatte sein Geheimnis mit ins Grab genommen. Nur der Zeitgenosse Giuseppe Guarneri, der einige seiner Geigen sogar im Gefängnis herstellen musste, konnte es mit den Violinen Stradivaris aufnehmen.

Über 1.100 Instrumente hatte Stradivari gebaut, davon waren Anfang des 20. Jahrhunderts nur noch um die 600 bekannt. Oftmals wurde versucht, die einzigartigen Violinen des italienischen Geigenbauers zu kopieren, gelungen ist es aber bis heute nicht. Wohl deshalb steigt der Preis ins Unermessliche: Um die zwei Millionen Euro zahlt man heute für eine gute Stradivari. Kein Instrument passt besser zu einem großen Virtuosen als die Geigen Stradivaris. Meist sind sie im Besitz von Großbanken – wenn sie überhaupt erklingen dürfen, dann nur durch Jahrhundertvirtuosen.

Alberto Tomba

Alberto Tomba ist eine lebende Legende. Er war einer der besten alpinen Skifahrer und wurde durch seinen ausschweifenden Lebensstil populär.

Alberto Tombas Devise: „Bei allem Malochen den Spaß nie verlieren"

Tomba wurde 1966 in der Nähe Bolognas als Sohn eines Tuchfabrikanten geboren. Dort gab es nicht gerade viele Möglichkeiten zum Skifahren – Alberto ist Städter und kein Mann aus den Bergen. Doch schon mit vier Jahren stand er im Winterdomizil der Eltern das erste Mal auf Skiern. Schnell wurde klar, dass Tomba eine professionelle Karriere anstreben würde. So wurde er 1985 Mitglied der italienischen Nationalmannschaft. Seine erste Medaille gewann er 21-jährig im Riesenslalom in der Schweiz. Von da an ging seine Karriere steil nach oben: 1988 wurde er zwei Mal Olympiasieger, 1992 gewann er olympisches Gold und Silber in Frankreich und eine Silbermedaille bei den Olympischen Spielen in Norwegen. Er dominierte ein Jahrzehnt lang die technischen Disziplinen Slalom und Riesenslalom. In der ewigen Bestenliste liegt Tomba mit rund 50 Siegen nur hinter Ingemar Stenmark. 1998 zog sich Tomba aus dem Geschäft zurück. Danach trat er in einigen Filmen auf.

Von seiner muskulösen Statur her glich er wenig den anderen Alpinskiläufern. Deshalb und wegen seiner kraftbetonten Fahrweise bekam Alberto den Spitznamen „La Bomba". Schnell avancierte Tomba zum Superstar des Skisports und wurde zum Liebling der Fans und der Medien. Er fuhr Ferrari, war mit „Miss Italia" liiert und feierte seine Siege mit rauschenden Festen. Alberto trat exzentrisch und großstädtisch auf – ganz im Gegensatz zum bodenständigen Image vieler Skiläufer aus ländlichen Gegenden. „La Bomba" wurde zum Frauenschwarm und fiel mit zahlreichen Affären auf. So wird gemunkelt, dass auch Kati Witt und Michelle Hunziker seine Geliebten waren. Alberto Tombas Devise: „Bei allem Malochen den Spaß nie verlieren."

Er gehört zu den Sportikonen Italiens.

Toskanafraktion

Ist Italien seit jeher das Sehnsuchtsland der Deutschen, so steht gerade die Landschaft der Toskana für die Ambivalenz dieses Begehrens: Natürlich ist diese Landschaft das Sinnbild Italiens, wenn nicht gar die Wiege der modernen europäischen Kultur. Schließlich entdeckte man in der Renaissance die Kultur, Wissenschaft und Dichtung der Antike wieder. Spätestens seit dem 19. Jahrhundert sind Florenz (das „italienische Athen") und die anderen Städte der Region daher das Ziel aller Bildungsbeflissenen. Andererseits zieht nicht nur die Stadt Dantes die Deutschen an, sondern auch die gediegene Lebensart. Insbesondere ein bestimmtes linksliberales, früher studentenbewegtes Milieu ist in den Verdacht geraten, sich von den Problemen der Heimat ab- und sich ausschließlich der Verkostung von Barolo und Montepulciano zugewandt zu haben. So will es zumindest das zeitweilig überpräsente Schlagwort von der „Toskanafraktion". Ist die sanft geschwungene toskanische Hügellandschaft wirklich mit schick renovierten alten *rustici* (Bauernhöfen) und *fattorie* (Landgütern) zersiedelt, in denen sich Politiker, Künstler, Lehrer und Professoren im Ruhestand zu Oliven- und Weinbau oder zur Schafzucht zurückgezogen haben? Tatsächlich haben einige Damen und Herren, die in SPD und/oder Grünen politisch tätig waren oder sind, einen Zweitwohnsitz in der Toskana oder urlauben wenigstens regelmäßig dort: Otto Schily, Peter Glotz, Gerhard Schröder, Oskar Lanfontaine, Claudia Roth und noch einige andere werden regelmäßig in der Toskana gesichtet.

Zweifelsohne: Man versteht zu leben in dieser Gegend, das Essen ist fantastisch. Aber die meisten, die tatsächlich den Schritt zur eigenen Existenz als Bauern gewagt haben (und nicht nur ein Feriendomizil besitzen), leben ein Leben, das aus harter Arbeit besteht: Auch in der schönen Toskana ist Landwirtschaft kein Zuckerschlecken.

Und ewig lockt das *dolce vita*.

Für viele Deutsche ist die Toskana die italienische Landschaft schlechthin.

Giovanni Trapattoni

Sie währte nicht ganz drei Minuten, doch sie hat sich in das kollektive Gedächtnis eingebrannt, und einige besonders markante Formulierungen gingen sogar in die Alltagssprache ein. Am 10. März 1998, zwei Tage nach einer blamablen 0:1-Niederlage des FC Bayern München, tritt dessen italienischer Trainer Giovanni Trapattoni vor die Mikrofone und hält eine hitzige Rede. „Es gibt im Moment in diese Mannschaft, oh, einige Spieler vergessen ihnen Profi was sie sind."

„Spieler, die waren wie eine Flasche leer"

Verständlich, dass man in einer solchen Situation und Gemütslage bei den sprachlichen Feinheiten Abstriche machen muss. Ganz klar war Trapattonis Aussage, dass die Bayern-Spieler schlecht waren: „In diese Spiel es waren zwei, drei oder vier Spieler, die waren schwach wie eine Flasche leer!" Darüber hinaus sind sie auch Jammerlappen: „Diese Spieler beklagen mehr als spielen! Wissen Sie, warum die Italien-Mannschaften kaufen nicht diese Spieler?

Als verärgerter Bayern-Trainer ging er in die Fußballgeschichte ein.

Weil wir haben gesehen viele Male solche Spiel. Haben gesagt, sind nicht Spieler für die italienische Meisters."

Besonders enttäuschte der ewig verletzte Mittelfeldspieler Thomas Strunz; Trapattonis rhetorische Frage „Was erlaube Strunz?!" wird zu einer der meistzitierten Formulierungen des wortgewaltigen Maestro. Aber genug des Spotts: „Ein Trainer ist nicht ein Idiot!" Und das ist Trapattoni, in Italien wegen seiner kühlen, abwägenden Taktik „der Deutsche" genannt, beileibe nicht: Am Ende der Saison 1997/98 steht für die Bayern der Meistertitel. Verspätete Genugtuung für Trapattoni, denn bei seinem ersten Gastspiel in München 1994 reichte es für die Münchner nur für Platz sechs der Liga, und Bayern konnte nur mit Glück noch am UEFA-Pokal teilnehmen.

Nachdem Trapattoni 1998 Bayern München aber zu allen Titeln geführt hatte, konnte er wie am Ende seiner temperamentvollen Rede sagen: „Ich habe fertig!"

 Uffizien

Die Uffizien in Florenz gehören zu den berühmtesten und ältesten Museen der Welt. Geradezu überwältigend ist die Fülle der hier versammelten Meisterwerke und bekehrt selbst überzeugte Kunstbanausen.

Der Name „ufficio" bedeutet so viel wie „Büro" und verweist auf die ursprüngliche Nutzung des Museums. Mitte des 16. Jahrhunderts beauftragte Cosimo I. de' Medici, Großherzog der Toskana, den berühmten Maler und Kunsthistoriker Giorgio Vasari mit dem Bau eines zentralen

Aus der Privatsammlung entstand ein weltberühmtes Museum.

Ämter- und Verwaltungssitzes. Wegen der unmittelbaren Nähe zum Palazzo Vecchio und zum Arno hatte der Architekt mit einigen Widrigkeiten zu kämpfen. Der Boden war sumpfig, die räumlichen Möglichkeiten waren begrenzt. Vasari musste sogar einige Gebäude abreißen lassen, andere integrierte er in die Uffizien. Die U-förmig angelegten Gebäude bilden einen langgestreckten, straßenähnlichen Innenhof.

Sie gehören zum Pflichtprogramm aller Florenz-Besucher.

Die Medici, bedeutende Kunstsammler und Mäzene, waren es, die das Bürogebäude nach und nach in ein Kunstmuseum verwandelten. Francesco I de' Medici, der Sohn Cosimos, brachte im Obergeschoss die erheblich anwachsende Kunstsammlung der Familie unter. Die Herrscherfamilie benutzte die lichtdurchfluteten Räume, um ihre Schätze zur Schau zu stellen. Die letzte Erbin der Dynastie, Anna Maria Luisa, übergab die Kunst schließlich der Stadt Florenz. Seitdem kann jeder die wertvolle Sammlung mit Gemälden vom 13. bis zum 18. Jahrhundert bewundern.

Das Schmuckstück der Sammlung bildet die Malerei der italienischen Frührenaissance, aber auch ausländische Werke sind vertreten. Folgt man den vorgegebenen Pfaden, so findet man gleich zu Beginn die ältesten Beispiele abendländischer Malerei, unter anderem von Giotto. Auf die Werke der Gotik folgen die Malereien der Frührenaissance. Darunter befinden sich Filippo Lippis und Botticellis Gemälde, auch die

„Geburt der Venus". Der Weg führt weiter zu Leonardo da Vinci und Bellini. Auch Michelangelo, Raffaello und Tizian sind mit eigenen Sälen vertreten. Caravaggios „Medusenhaupt"

brandt runden das Gesamtbild schließlich ab. Sie sehen – die Uffizien gehören zum Pflichtprogramm eines jeden Florenzbesuchers. Neben den Gemälden beherbergt das Mu-

wurde bei einem Bombenanschlag der Mafia im Jahre 1993 erheblich beschädigt und ist erst seit kurzem wieder zu sehen. Ausländische Maler wie Dürer, Cranach, Rubens oder Rem-

seum auch Möbel und einige berühmte Skulpturen, darunter die antike Venus der Medici. Sie sehen – die Uffizien gehören zum Pflichtprogramm eines jeden Florenzbesuchers.

Vatikan

Zehntausende Gläubige auf dem Petersplatz, im Hintergrund die mächtige Kuppel der Peterskirche, der Papst tritt an das Fenster und spricht zur Menge – auch, wer noch nie in Rom war, kennt diese Bilder von den Übertragungen an Ostern und Weihnachten, wenn das Oberhaupt der katholischen Kirche den Segen *urbi et orbi*, „der Stadt und dem Erdkreis", spendet. Der Papst hat seinen Sitz aber offiziell nicht in der italienischen Hauptstadt, sondern im Vatikanstaat: ein „Staat im Staate" und mit nur 0,44 Quadratkilometern das kleinste Land der Welt. Im Zentrum steht der Petersdom, eine riesige Barock-Basilika – erbaut angeblich auf dem Grab des ersten Bischofs von Rom, des Apostels Petrus, dessen Nachfolger die Päpste sind. Wegen seiner langen Geschichte als „Zentrale" der katholischen Kirche ranken sich zahllose Legenden und Verschwörungstheorien um diesen Ort – und das nicht erst seit Dan Browns Thriller „Illuminati".

Legenden, Intrigen, Geschichte

Bis heute ist der Vatikan, völkerrechtlich gesehen, eine straff gegliederte Wahlmonarchie und damit der letzte absolutistische Staat der westlichen Welt – allerdings hat er nur um die 900 Untertanen. Im Mittelalter und in der Renaissance dagegen war der Papst, neben seiner Rolle als kirchliches Oberhaupt, auch der Lenker des Kirchenstaates und damit einer der mächtigsten Männer Italiens. In diesen Zeiten gehörten Intrigen, Geheimdiplomatie und Anschläge an den Fürstenhöfen zur Tagesordnung. Rodrigo Borgia (1431–1503) aber übertraf in dieser Hinsicht die meisten Zeitgenossen, er gilt als vielleicht schillerndster Renaissance-Papst. Schon zu seiner Kardinalszeit führt er ein ausschweifendes Leben, das er als Papst Alexander VI. fortsetzt: Er lebt offen mit seiner Freundin zusammen, später unterhält er mehrere Mätressen. Nicht unüblich für Kirchenfürsten damals, dennoch murren viele, dies sei mit der Papstwürde unvereinbar. Der Dominikaner Girolamo Savonarola verdammt Alexanders

gottlosen Lebenswandel; dieser exkommuniziert ihn. Nach anfänglich großem Zulauf in Florenz wird der Reformer 1498 hingerichtet. Auch als Machtpolitiker tut sich Papst Alexander hervor: Sein wichtigstes Ziel ist es, seinen Kindern (er hat vier) zu erblichen Titeln und Ländereien zu verhelfen. Als Papst kann er ihnen die nicht bieten. So legt er sich auch mit Großmächten wie Frankreich an, lässt Gegenspieler ermorden, führt Kriege, schmiedet Bündnisse und bricht sie. Im Sommer 1503 rafft ihn eine mysteriöse Krankheit innerhalb

weniger Tage dahin. Oder war es doch Gift? Knapp vierhundert Jahre später setzt die Gründung des italienischen Nationalstaates der weltlichen Macht der Päpste ein Ende. Oder zumindest sehr enge Grenzen: Im Jahr 1870 wird Rom – bis auf die ummauerte Vatikanstadt – durch italienische Truppen besetzt. Papst Pius IX. sieht sich als „Gefangener im Vatikan" und verweigert eine Einigung mit der Republik. Die kommt erst 1929 mit den Lateranverträgen. Das ist der offizielle Gründungsakt des Vatikanstaates.

Der Petersplatz in Rom ist das Herz der katholischen Welt.

Giuseppe Verdi

Giuseppe Verdi gilt als einer der bedeutendsten italienischen Komponisten des 19. Jahrhunderts. Opern wie „Nabucco", „Aida", „La Traviata" oder „Otello" sind in die Operngeschichte eingegangen.

Der Sohn eines Kaufmanns wurde 1813 in einem kleinen Städtchen bei Busseto geboren. Schon früh zeigte sich das musikalische Talent des Jungen. So komponierte er während seiner Schulzeit mehrere Ouvertüren und Märsche. „Der Barbier von Sevilla", das Erstlingswerk des damals Fünfzehnjährigen, wurde auch gleich im Stadttheater aufgeführt.

Italiens Nationalkomponist schuf unsterbliche Klassiker wie „Aida" und „Nabucco", die auf der ganzen Welt gespielt werden.

Mehrmals bewarb sich der junge Künstler vergeblich um die Aufnahme am Mailänder Konservatorium. Sein späterer Schwiegervater und Gönner, Antonio Barezzi, ermöglichte Verdi aber Privatunterricht an der Mailänder Scala. Ausgebildet kehrte er nach Busseto zurück, bekam seine erste Anstellung und heiratete die Tochter seines Gönners, Margherita Barezzi. Seine erste Oper erlebte bald die erfolgreiche Uraufführung an der Scala. Das lukrative Angebot des Opernhauses, drei weitere Opern für die Scala zu komponieren, nahm Verdi dankend an. Doch das Glück war ihm nicht hold: Seine Tochter, sein Sohn und seine junge Frau starben in nur kurzen Abständen. Als daraufhin auch noch seine zweite Oper floppte, glaubte Verdi alles verloren. Er befand sich in einer Schaffenskrise und wollte das Komponieren für immer aufgeben.

Durch Zufall bekam er aber das Libretto von „Nabucco" in die Hand. Sich heftig wehrend, konnte er dem Reiz des Textbuches nicht entsagen. Er komponierte die Oper „Nabucco" und feierte damit 1842 bei der Uraufführung in der Mailänder Scala seinen endgültigen Durchbruch. Das Werk wurde bejubelt, nicht zuletzt weil der hier gezeigte Unabhängigkeitsgedanke Verdis den Nerv der Zeit traf. Denn

Verdi wird noch heute als König der italienischen Oper verehrt.

die Italiener sehnten sich nach einem einheitlichen Nationalstaat, der aber erst 1860 zur Realität wurde.

Verdi avancierte zum Nationalkomponisten Italiens und schuf eine Reihe von bewegenden Opern mit politischen Botschaften. Auch privat schien ihm das Glück wieder hold. So wurde Giuseppina Strepponi, Primadonna in „Nabucco", seine Lebensgefährtin. Der Künstler hielt sich nun oft in Paris auf, reiste aber auch nach Russland und in andere Opernmetropolen der Welt.

Werke wie „Luisa Miller", „Macbeth" und „La Traviata" zementierten Verdis Weltruhm. 1870 komponierte der große Musiker anlässlich der Eröffnung der Suez-Kanals „Aida", eine der bekanntesten Opern überhaupt.

1901 starb Giuseppe Verdi im Alter von 87 Jahren. Italien ordnete Staatstrauer an, und Verdis Büste wurde im Kapitol ausgestellt. Neben Puccini und Rossini gilt Verdi als der größte italienische Komponist.

 # Vespa

Die Geschichte dieser Ikone begann nach dem Zweiten Weltkrieg. Da hatte Enrico Piaggio, Sohn des Flugzeugfabrikanten Rinaldo Piaggio, eine geniale Geschäftsidee: Er wollte kleine motorisierte Fahrzeuge für jedermann produzieren. Dazu bat er seinen Luftfahrtingenieur Corradino D'Ascanio um Hilfe. Der war kleinen Rollern gegenüber, wie sie Piaggio vorschwebten, zunächst skeptisch eingestellt. Doch diese Skepsis half dem Erfinder, so manche Probleme auszumerzen: Für die ständig schmierende Antriebskette erdachte er ein spezielles Fahrzeuggestell, während der Schaltknüppel am Lenker eine einfache Bedienung gewährleistete. Als Piaggio schließlich das schnittige Gefährt sah, rief er aus: „Schmale Taille, breiter Hintern: Sieht aus wie eine Wespe!" Wespe heißt auf Italienisch „vespa". Das erste Fahrzeug wurde im Werk Pontedera im April 1946 hergestellt. Die Öffentlichkeit reagierte zunächst zurückhaltend auf die Vespa 98. Piaggio produzierte dennoch gleich 2.000 Exemplare. Er sollte Recht behalten: Nur zehn Jahre nach der Einführung der Vespa 98 hatte Piaggio bereits eine Million Exemplare verkauft. Mitte der 50er Jahre wurde die Marke international bekannt und erfolgreich, Vespas verkauften sich in Deutschland, Großbritannien, Frankreich, Belgien und Spanien, aber auch im außereuropäischen Ausland. Sie wurde zu dem Motorroller schlechthin, zum Symbol des italienischen Wirtschaftswunders und des Lebensstils dieser Zeit. Die britische Modkultur erhob sie zum unverzichtbaren Objekt, ohne das ein Mod kein richtiger Mod sein kann.

In zahlreichen Filmen, von „Ein Herz und eine Krone" bis zu „Der talentierte Mr. Ripley", taucht sie als unmissverständliches Symbol dieser goldenen Ära auf. Bis heute, über sechzig Jahre nach Einführung der Vespa 98, wurden mehr als 16 Millionen Roller verkauft.

Durch ihren jugendlichen Charme wurde die Vespa schnell zum Kultobjekt. Auch heute kann man sie in den Straßen Italiens bewundern.

Der kleine Roller sieht wie eine dralle Wespe aus.

Leonardo da Vinci

Das Bild ist weltbekannt: Die Skizze zeigt einen nackten Mann mit vier Armen und Beinen – das heißt, er ist zugleich mit ausgebreiteten und leicht angehobenen Armen dargestellt.

Eine Proportionsstudie wird zum Emblem der Renaissance.

Falls Sie nicht wissen, wovon die Rede ist: Die Abbildung ist auch auf italienischen Ein-Euro-Münze zu sehen, und, falls Sie gerade keine zur Hand haben, schauen Sie doch mal auf Ihre Krankenkassenkarte. Leonardos Skizze ist heute ein beliebtes und anschauliches Symbol für alles Mögliche. Am berühmtesten wurde die kleine Proportionsstudie in Leonardos Tagebuch von 1492 als zentrales Bild einer Epoche gedeutet: als Illustration der Renaissance mit ihrem neu erwachten Interesse am Menschen.

Seit dem 14. Jahrhundert rückte allmählich das Individuum, der Mensch, in den Mittelpunkt, nachdem im Mittelalter Wissenschaft, Kunst und Philosophie stark religiösen Interessen unterworfen waren und Gott in den Mittelpunkt stellten. Auch wurden zahlreiche Texte antiker Denker wiederentdeckt. So bezieht sich der heute verwendete Titel der Skizze „Vitruvianischer Mensch" auf den antiken Baumeister Vitruvius, der in seinen „Zehn Büchern über die Architektur" die „Wohlgeformtheit des Menschen" in Beziehung zur Geometrie gesetzt hatte.

Genau dies scheint Leonardos Studie zu belegen: Mit ausgebreiteten Armen und geschlossenen Beinen passt der Mensch genau in das Quadrat. Mit erhobenen Armen und gespreizten Beinen berühren die Extremitäten den Kreisumfang. Die weite Verbreitung, die Leonardos „Nebenwerk" fand, erinnert etwas an den Erfolg der ebenfalls viel zu häufig reproduzierten „Engelchen" Raffaels. Eigentlich ein Detail aus dem berühmten Gemälde der „Sixtinischen Madonna", wurden sie zum Emblem und finden sich heute allerorten: auf Seifendosen, Einkaufstüten, Kalenderblättern und sonstigem Nippes.

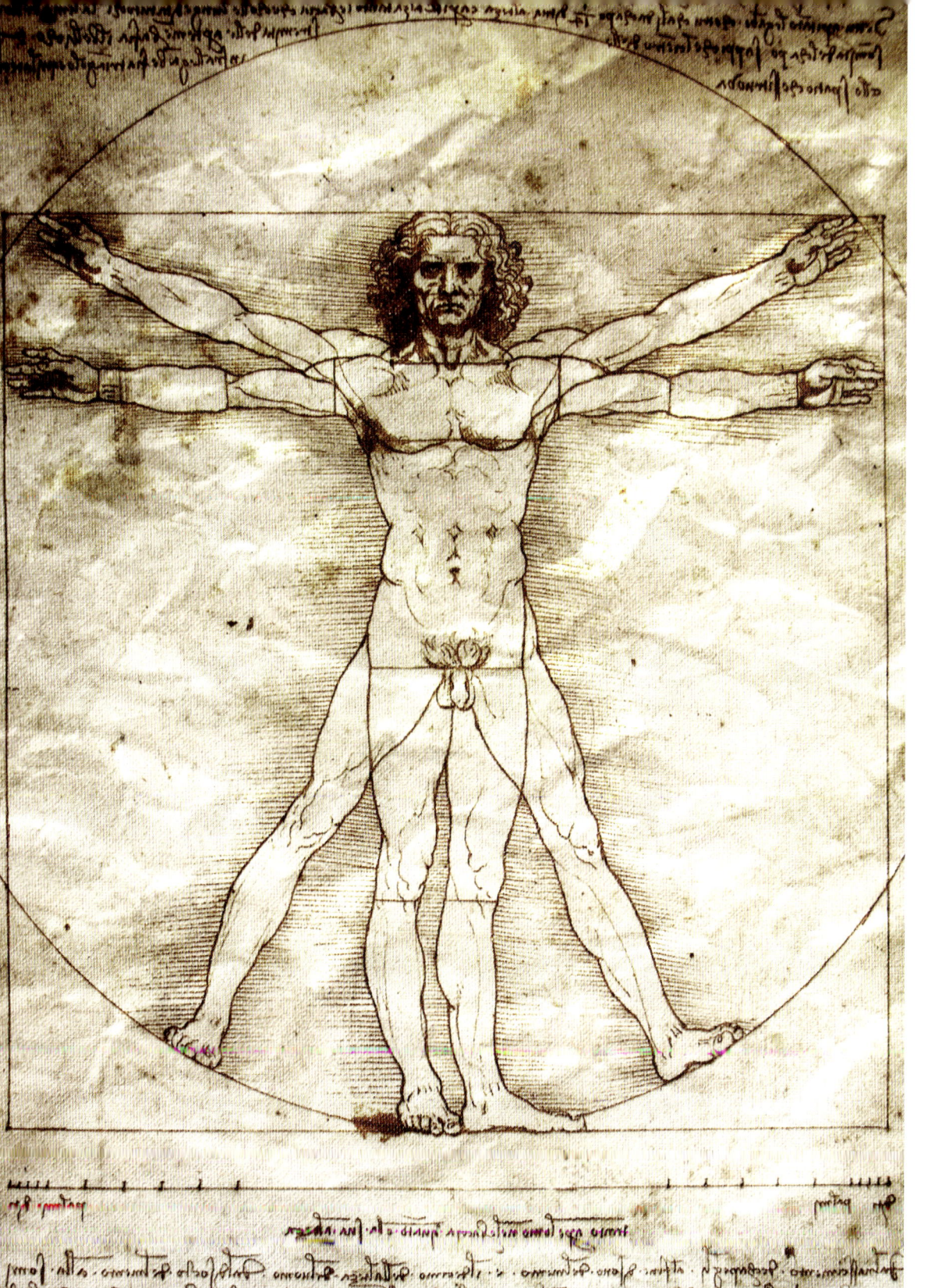

 # Wein

Die Geschichte des Weins reicht Jahrtausende zurück. Die ersten schriftlichen Zeugnisse liefern uns die alten Ägypter. Zur vollen Blüte brachten den Weinanbau aber erst die alten Griechen und Römer. Hippokrates erkannte im Wein ein wirksames Heilmittel – eine Einschätzung, die sich bis heute bewährt hat.

Das Getränk der Götter

Von den Alpen bis zur Meerhöhe im sonnenreichen Süden findet man in Italien Weingärten. Das mediterrane Klima Italiens ist eine ideale Voraussetzung für den Anbau von ganz unterschiedlichen Weinsorten. Den Ruf als eines der führenden Weinländer verdankt Italien seinen Trinkweinen wie dem Soave, dem Lambrusco und dem Chianti. Chianti stammt aus der Toskana, einer der bekanntesten Weinanbauregionen Italiens, dort wird er aus Sangiovese-Trauben hergestellt. Echt ist der Chianti dann, wenn er einen schwarzen Hahn auf dem Etikett führt – ein Zeichen, dass die Winzer Mitglied im Chianti Classico Consortium

Italien gehört zu den angesehensten Weinländern der Welt.

sind und sich an die DOC-Richtlinien halten. Diese wurden 1967 von der Regierung eingeführt, um die Qualität der italienischen Weine zu heben.

Der Soave ist ein heller, grünlicher Wein und stammt aus Venetien. Er wird mittlerweile als Massenprodukt exportiert. Wirklich guten Soave bekommt man aber natürlich vor allem vor Ort, in den Hügeln des Classico-Gebiets.

Der dritte bekannte Wein aus Italien ist der vollmundige Lambrusco. Der kräftige und fruchtige Rotwein wird überwiegend in der Region Emilia-Romagna hergestellt.

Italiener lieben ihren Wein. Deshalb ist es auch kein Geheimnis, dass sie einige der besten Weine der Welt produzieren. Und die Vielfalt ist enorm. Praktisch in ganz Italien wird Wein angebaut, auf einer Fläche von fast 1 Million Hektar. Neben den hier erwähnten, bekanntesten italienischen Sorten hat jede Region ihre eigene Spezialität. Italien ist nicht umsonst eines der führenden Weinländer der Welt.

159